爱情中千万不要做的50件事

Do Not Do
50 Things In Love

陈欣儿
图/文作品

中国出版集团

现代出版社

目 录
CONTENTS

爱情中
千万不要做的50件事
Do Not Do
50 Things In Love

Part 02
别让扭曲的观念耽误爱情

目 录
CONTENTS

Part 03
爱情需要和性格沟通

爱情中千万不要做的**50**件事
Do Not Do
50 Things In Love

Part 04
心动的感觉会随时间消失

目 录
CONTENTS

Part 05
作真正的自己，让爱情天长地久

欣儿是我几本书的编辑，也是一位文字创作者，是我的好朋友。她没有辉煌的情史，意思是，她不曾换男人如换衣服，也不会高谈阔论大女人主义。对于爱情，她始终是一位真真切切的侦查员。诚恳地聆听身边朋友的爱情遭遇，陪着她们欢喜、陪着忧，也因此阅历了许多爱情故事。

让我敬佩的是，无论看过多少爱情故事，在这个真爱难寻的世界里，她从来没有放弃寻找纯粹的爱情。这本书很适合像欣儿一样对真爱有憧憬，并且自身努力实践爱的女人。寻找真爱必须有打不死的蟑螂精神！愈挫愈勇，从经验中提炼。好好参考本书的建议，势必，能从淤泥中找到美丽的莲花！共勉！

台湾知名主持人、影视演员、歌手
阿雅（柳翰雅）

但愿我是你的夏季

Do Not Do
50 Things In Love

没有花哨的文字、没有犀利的嘲讽、没有训斥的大道理、也没有时髦和赶流行……这本书，有的只是诚恳的一颗心，书中的每一个真实故事都如一面镜子，可以成为借鉴，给予在爱情迷雾中的情侣们一些提示。

爱情世界无奇不有，但是不管恋情谈得如何七零八落，爱，自宇宙创始以来，就有个不变的核心，少了它，爱情就会出问题。爱，是直接进入对方的内心，与一个人的内在亲密交流。爱在内心，存有力量，只要做出符合意旨的选择，道路就会自动铺陈展开，既宽广又直平。

书中所写的东西，并非只想提供爱情的解决方案，更重要的是——传达爱的弥足珍贵。

爱情这门功课，有太多不能翻越的山路，必须耐心等待与学习，有时还需迂回绕道而行。爱情无法刻意拉拔长大，无法自行塑造，所幸，可以经营。只要无时无刻记得：爱无所不在，能通达一切，影响一切，爱就会散发惊人的力量；只要依照正确的思维，正确的行动，就绝对可以拥有一切想要的幸福，可以让自己与他人的生命更加丰盛。

我想写的，不是爱情教条，而是爱情的心灵解码。

或许，这样的企图太大，我的译码器只能起小小的作用，一窥爱情殿堂。然而，原版书籍在台湾出版后，读者给我的信件如雪片般飞来。有的直接寄E-mail给我，有的请出版社代转，有的在我的blog留言……其中，让我印象深刻的是一位自称患有重度精神疾病的女孩，噙着泪水写下这些年受情感的折磨，她的爱情悲剧，让我的心情久久无法平复；另一位离异母亲，两天内读了两遍，她告诉我，长久以来，为情囚禁的心灵终于获得自由；有一位男性朋友写信给我，叙述他理智冷静处理感情的过程，虽然内心痛苦却无怨无悔；有一位母亲带着这本书和她的女儿飞去峇里岛散心，她的女儿正值花样年华，却为爱情所苦……更多读者是写信来谢谢我……这些，都让我始料未及。原来，有这本书的陪伴，对于感情受到创伤的人来说，心灵得以慰藉、创伤得以疗愈，甚或，不再迷失自己。

爱的故事里没有悲喜剧，若能从悲剧中走出来，就是喜剧；若沉湎于喜剧中无法自拔，那就是悲剧。爱，不需四处张望，也不用心烦如麻。我们唯一要做的，只是安静、自省、心存感激，听见来自心底深处的召唤。那些荆棘、忧伤、悲泣、不愉快都只是暗示，暗示着错误，只有在调整与倾听之后，才会发现更多的喜乐与欢笑。

埋头写序之际，也正值我的下一本书在台湾即将出版，常常感觉一股温暖的力量驱动着我继续提笔。感情这件事与他人无关，唯一有关的是：只有我幸福了，身边爱我的人才能幸福！

此书大陆版和台湾版本有着不一样的风貌，期待读者在看到我的文字的同时，也看到了我的插画，这些手绘稿是我在无数个深夜凌晨，累积心中对许多朋友的想念，慢慢勾勒完成的。这些姐妹淘在我最失意的时候陪伴我。我的好姐妹们，千万要幸福起来！这辈子就这么走一回，说什么也一定得好好把握自己的人生！

　　许多感谢尽在不言中，最后，谨以美国十九世纪现代诗派女诗人埃米莉·狄更生（Emily Dickinson 1830—1886）的诗选献给大陆的读者，此诗表达我对读者爱情的祝福。

但愿我是你的夏季

当夏季远扬而去！
我依旧是你耳边的音符，
当夜莺也已精疲力竭。

我愿为你绽放，逃出墓地，
将花开满成行成列！
请采撷我吧——
秋牡丹——
你的花——永远的！

Summer for Thee, Grant I May Be

When Summer days are flown!
Thy music still, when Whipporwill
And Oriole — are done!

For thee to bloom, I'll skip the tomb
And row my blossoms o'er!
Pray gather me —
Anemone —
Thy flower — forevermore!

爱不仅仅是心头的游戏

Do Not Do
50 Things In Love

　　这本书是我这十年来对爱情观察的总体悟。这十年来，周围朋友一个个陷入单恋、热恋、苦恋、失恋……周而复始的循环里，无一幸免，这辈子好像不被爱情撞上几次，就不曾走过人生。

　　其实回过头看，人生还有许多事情比爱情更重要、更值得追寻。陷溺在爱情的旋涡中无法自拔，大概只是年轻时期的特有产物，过了一个人生阶段，爱情已经变的真切实际，最多出现几次天雷勾动地火，也可能只是当下的失去理智的情感作祟与昙花一现。

　　说穿了，爱情，只是心头上的一场游戏。如果你说，爱情是一场骗局，我大概也会举双手赞成说：对，爱情，只是荷尔蒙与费洛蒙分泌的交互作用。但，爱情就这么简单，足以一语道破吗？

真正的爱情，世间少有。

如果很幸运的出现在你的生活周遭，那已经是经过生活淬炼、时间磨炼之下经得起考验的情感。这种情感，有着相知相惜、执子之手、与子偕老，无须言说却心意相通的默契。

我不知道是幸运还是不幸。我的周遭生活，光是出现这样相依相存、鹣鲽情深的夫妻，至少就有三对。因为诸多原因与巧合，我与他们不是工作上必须、就是生活上必须，很深很近距离的与这几对夫妻互动。教我诧异的是，每一对夫妻的生活互动都有很不一样的特色，面临生活上的杂琐与烦恼也有很奇特的化解与处理方法。尤其叫人心神向往的，是夫妻之间无话不谈、无事不分享的乐趣。

看看周遭夫妻，有多少对是没话说的，就知道爱情被现实生活折损得有多严重！每个走入爱情的人都巴望走入婚姻，走入婚姻的人都巴望可以白头到老。但是现实生活中，能达成这种目标的人少之又少，问题出在哪里？

爱情，不仅仅是心头的游戏。对于爱情、婚姻，我们存有太多丰富的想象力，忽略了人生的无常。无常的人生抓不住稳定的元素，这一秒会出现什么事情、发生怎样的改变、产生怎样的影响……完全不可预料。我们所能掌握的，不是别人，只能是真真切切的自己。而且，有一天甚至我们连自己的身体都无法掌握。所以，怎么说爱情呢？人生不可说，爱情不可说。

爱情有千百种可以变动的方程式，完全是个无解的习题。爱让人捉摸不定。抓住了一端，才发现另一端有无数条线，不知要带领我们往哪儿走？

有朋友说，爱情是一场活生生、血淋淋的枪林弹雨。侥幸从爱情风暴中存活过来的，会感觉自己好像失去了什么？最幸运的是那些穿过爱情风暴，却还可以完好无缺、保有自己的人。对于爱情，难道要练到百毒不侵、金刚不坏之身。不，这只是保护自己不受伤的方法。再怎么说，我们都还是应该坚持找到灵魂伴侣。

爱情需要互动、沟通。爱会痛、会麻烦、会寂寞……也会带来欢乐不是吗？爱情不能只贪图一种结果，只要享受而不愿意付出。谁都喜欢当被待奉、被拱、被关爱照护的那一方，那……另外一方呢？那个总是付出、总是收拾后果、总是承担的另一方，谁给予鼓励与关爱？

爱要长久，就得互相扶持。

书中的每个故事，都是真实的发生在我的周围。其中当然也隐藏着我自己的悲哀。我是在极度省思、不断抽丝剥茧之下完成这本书的，在书写的过程中，看自己，也看别人。好几次脑海不断浮现一位因爱受伤朋友的黑色瞳孔，她的眼神里有着不安、恐惧、害怕……

她曾经对我说：「欣儿，你看，我好像这个洋娃娃喔…」那是我房间一本国家地理杂志经典摄影全集，集结历年得奖作品。她到我房间，我们随意聊了聊，聊生活也聊情感，然后聊累了，她拿起我的书一页一页随意翻看，最后停留在一幅摄影作品前，掉下眼泪。

那是满山臭乱不堪的垃圾堆，最上面倒躺着一个洋娃娃，头发凌乱、手脚断裂残缺、洋娃娃脖子快要被扯断……

她的爱情故事我没有写出来，因为不知如何下笔。

　　很多事情很悲伤，我们只能选择遗忘。幸好，她没死，没有自杀，勇敢的走出来了，而且现在过得很好。

　　在爱情的路上，如果你需要找人说说话，请随时写信给我，我愿意当你的倾听者。我的微薄：http://www.weibo.com/chenxiner2012

　　愿天下有情人，
　　白头偕老！

　　　　　　　　　　　　　　　　　欣儿

唱衰爱情指数
20%

Part 01
聪明人懂得自己创造爱情

　　真爱是存在的，只要你懂得自己去创造，爱情和命运不同，爱情可以掌握在自己的手中。真正的爱情故事不仅温润自己，也感动世人的心，它不一定完美，却会为了让对方更好而默默奉献……

　　爱就是懂得祝福，是用心感受，是百味杂陈。

Do Not Do
50 Things In Love

01—10

有時候，
　愛一個人很寂寞
　……

Girl,
Don't
Think too much ……

挖鼻、剔牙、抠脚，
不顾形象
Do Not Do
50 Things In Love

　　面子就是名片，身份就是价值。谁注重自己的形象，谁就有更大的机会迈入约会成功之门。如果你只有两分钟让人家留下印象，第一分钟要让别人记住你，第二分钟要让别人喜欢你！

心中的另一半随时会出现

　　这是两个真实的故事：第一个故事发生在餐厅，Mark的恋情始终迟迟未开花。那日Mark决定与交往中的快乐女和形象女做个测试，从中选出自己未来的女友人选。

　　Mark分别与两女用餐，快乐女和他面对面坐着，快乐交谈，吃东西时嘴歪眼斜，太快乐时还用舌头剔牙，平日咬手指的坏习惯也不隐藏，完全不顾玉女形象；形象女则认真倾听Mark讲话，进退有礼，离开时稍加亲昵互动，帮他整整仪容，表现出温柔、体贴与关怀。快乐女虽然健谈，但见面印象一次比一次差，形象女却正好相反，每一次见面的印象都超越上一次。答案揭晓：形象女略胜一筹！

另外一个故事发生在公车站，Helen坐公交车去男友家要见未来公婆，公交车停靠，上来了一位老妇，Helen假装没看见，不让座，又对老妇慢吞吞的动作感到不耐烦，还白眼以对。老妇站在Helen座位前，以佝偻的身躯高举着手拉安全环，眼角余光不时瞥向眼前这位冷漠女孩。

公交车一停，两人同站下车，男友前来迎接，却惊喜地叫了Helen身后的老妇一声："妈！"那实在是非常尴尬的一刻，所有的坏印象都建立在那一瞬间，短期内是改善不来了。

这不是形象包装的问题，要永远记得，随时随地，我们心中的另一半会随时出现，不然，就是她或他的家人会出现。

外形是成功约会的门票

很多人可能不知道，根据统计，成功约会有80％的成功率是由个人的外形来决定，外形并不一定是与生俱来的，有句话说："三分长相，七分装扮。"透过后天装扮，你可以随时随地成为对方眼中的焦点！

一项针对几万名男性所做的调查，对于女性的要求，所有男性均一致认为"身材要好、外表漂亮"，这几乎已成为男性心中标准的女性条件。至于其他基本要求，不外乎是：温柔、贤慧、端庄、稍加性感、懂得照顾人、孝顺……而女人心中的理想男人榜？一般来讲，好男人应该有以下特质：责任感、上进心、体魄强壮、对爱情专一、宽容，等等。这样看来，男性外貌好像不那么重要。

其实真相是：男性外貌不是太重要，但是外在气质、行为举止比外貌重要得多。任谁也受不了有人在你面前抠脚、抠头皮、挖鼻孔、吐痰、放屁……毫不在乎个人整洁与卫生。没品位的人、不雅的举动，会让刚开始萌芽的爱情，仿佛受到沼气摧残般瞬间枯萎！

把自己调整到最佳状态

生活不是童话，但是如果你试着把生活经营得浪漫一点，会得到更多甜蜜的爱情，感情收获也会更丰富。

每个人都喜欢美的事物，男人喜欢美女，女人喜欢帅哥，这是天经地义的事情。所以，不论男女，应该要随时注重身材保养，在什么样的年龄，努力保持适当的体态与韵味！如果可以在约会前，稍加理解当天的约会气氛，穿衣符合约会氛围，就可以营造轻松相处的感觉。

Candy感到很苦闷，不知为什么，谈了几次恋爱，男友过了一段时间就不愿再与她交往了。Candy跑来找我诉苦，追根究底，最后归究出一个结论：口头禅惹了祸！Candy的口头禅是："拜托！"对于很多事情，她总是有意无意会说出这两个字。

记得有回我和Candy及她男友一起吃饭，男方提到最近的几个话题新闻，Candy听完总是加上这一句："拜托！"当时我就觉得这句话中充满不耐烦与不信任，她男友几度脸色大变，果然没多久两人就分手了。不要小看口头禅的影响力，恋爱中，口头禅也可能成为撒手锏。

另外一个朋友的口头禅让我印象深刻，Tom有句四字箴

言，总是习惯说："放心，别急！"每当女友心情沮丧或遇到什么烦心的事，Tom会先说这几句话，然后再正视问题的存在，一起思考解决方法。

很多人会忽视自己使用言语的状况，一个常常说"请""谢谢""对不起"的人，让人感觉谦逊有礼、温文尔雅；一个将三字经放在嘴边的人，肯定是性格暴戾、粗俗，不顾别人内心感受的人。

语言，其实也是一种心灵污染。那位习惯说"放心，别急！"的Tom，展现了他的个人风格与信心，没多久，Tom的爱情修成正果！

在这个追求个性、形象的年代，不论内在心灵与外在言行，每个人都应该把自己调整到最佳状态，让别人感觉舒服些，这不是虚伪，这是基础礼仪！外在的美丽当然适度包装就好，漂亮没有终点，万一整形上瘾，不断七十二变，美丽的病毒就比H1N1还要可怕，有人化了妆变成美女让人赞叹，卸完妆让人惊诧世界黑暗，求美不慎走入绝境者大有人在，不得不小心。

内在美本来就含蓄不易表达，有些朋友以为内在美就是本性的展现，真实表达自我不需隐藏。

有个女性朋友一向以"坦然质朴"的本性受人喜爱，她讲话很直接，有回大家一起用餐，吃完饭听到她问男友："你痔疮好了没，大便会不会痛？"这……也太直接了，不但男友尴尬，在场朋友也面有难色，因为听到这种话很倒胃口，更何况才刚吃完饭！

懂自己、有态度，就是魅力

生活是平凡而琐碎的，也充满波澜起伏，不可能时时完美。挖鼻孔、放屁、打嗝、抠脚……都是很生活化的表现，难不成在家也要穿得有品味？累不累啊！恋爱中的男女虽然很难直接看到具体的生活细节，却也不是不知道，恋爱中的美好幻觉终究会因为生活琐事的耗损而破灭！

如何维系恋爱的感觉？问题就出在这里：有些人以为恋爱是恋爱，生活是生活。一旦感情稳定了，就把对方看成自在放松的避风港，反正都已经在一起了，你的什么我没看过？油头、口臭、汗酸味……男人开始不顾形象，女人再怎样涂脂抹粉、喷香水也让人提不起劲。这都是因为太随便而造成的没情趣！

恋人的定义是什么？不只是让对方展现美好一面的舞台，更是彼此心灵依存的避风港。恋人的建立基础，是无论你在外面受到什么样的痛苦磨难，对方始终守护着你，抚慰你的心情！有心爱的人在身边，即使天崩地裂，两人世界依然甜蜜。这种两人关系是建立在互相照顾的基础上。

幸福的方式有很多种，也有多种选择，但是不顾形象绝对是情感的沙漏，久而久之就会掏空爱情。找出两人的形象特色，把持两人关系的平衡点，在各种场合不断散发自我不凡的乐观与自信，才能创造出属于两人甜蜜相处的生活方式！

真爱密码

在恋人眼中，什么都是重要的。第一印象重要，服装、性格、喜好……也重要。第一次约会大家都会包装，女的装，男的也装，第二次、第三次……很多次约会以后，似乎已没有人注意形象，爱情也悄悄凋零……男人爱美虽不像女人那般投入，但若不注意自己的形象，就会成为魅力的淘汰者。试问一个有眼屎、头发杂乱、脏兮兮的对象，会讨人喜欢吗？当然会影响观感，也让爱情大打折扣！

情人要注意哪些形象呢？你一定要知道恋爱中的情人最需要的五点修饰：

1.有狐臭的人，约会前最好在腋下、胸前易出汗处，抹汗香剂！

2.有脚臭的，应穿吸汗棉袜，注意保持鞋内清洁，不要有污渍，以免脱鞋之后熏死大家。

3.如有口臭的人，应随身携带口腔芳香糖，用餐避免吃葱蒜等重口味食物。

4.不论男女，油腻脏乱的头发，总是给人负面观感。

5.脸上容易出油的人，不妨随身携带吸油面纸，出油后皮肤易生粉刺，需特别注重面部的清洁，才能给人健康、美丽肌肤的美好印象。

02

第一次约会
就上床

Do Not Do
50 Things In Love

第一次约会就上床是两情相悦，还是玩玩发泄？爱一个人，不应让对方受到伤害，一段长久的感情，并非建立在肉体上，而是在心灵彼此互相的学习与成长。

性行为不一定是爱的付出

最近跟一个好久没见的朋友Lisa聊天，她说自己在网络上认识一个男生Richard，聊久了约出来见面，第一天就上床，上床之后两人还一起外出吃饭、买东西逛街，像情侣一样。Lisa蛮喜欢对方的，谁知那天之后，Richard就再也没有消息了。过几天她想通了，原来，对方只是玩玩而已，之前的MSN谈心，都只是为了那件事——上床。

类似这样被对方玩的例子，在现代社会好像变得很正常。现代男女关系的步调快速，没有传统社会那样单纯，网络带动人际关系的多元与复杂，让宅男宅女足不出户，就可以和全世界做朋友，如果见面没有见光死，感觉就会开始催生；如果在某些对的时间又去了某些对的场合，那真是天时、地利、人和，难保不会和对方发生关系。

根据统计，第一次约会就上床，后续发展总会变得很复杂，有半数以上女性事后会觉得自己被骗。会有这样的心理因素，一来是因为对方身份不明，容易误入陷阱；二来是因为发展太过迅速，没有深入了解对方，事后会猜来猜去，没有信任感。很多网络交友事件总是以"一夜情"收场。

有人说，身体要先契合，再来看个性合不合，这绝对是男性沙文主义或性解放女性的主张。大多数的女性上床前，一定得有感情基础，女人重视心灵超

过肉体，第一次约会如果矜持点，会给对方留下好的印象，更何况太容易得到的东西，反而让人不懂得珍惜。

上不上床没关系，防卫做到底

第一次约会就上床究竟是好是坏？其实关键取决于有没有做好防卫措施。恋人碰到对方要求发生性关系，多半会配合，但是有无做好性爱防备很重要，尤其青春期的男女，为了满足对方，不让对方失望，对性知识、怀孕及避孕方面一知半解，如果好奇而偷尝禁果，怀孕后又害怕，不敢面对、不会处理，衍生悲剧的例子比比皆是。

千万不要以为发生性行为，就是"爱的付出"，对大部分的男性朋友而言，失身不是献身，性行为不等于爱的付出！

美国知名《Men's Health》曾经针对1400名20岁到49岁的女性做调查，发现在20岁的族群当中，有17%会在第一次约会就和对方上床；30岁的族群当中，有28%的比例；超过40岁的女性却高达30%以上。

调查中还显示，40岁族群的女性当中，有86%声称自己在第一次约会就上床中享受到"高潮"，这个比例依年龄愈小数字愈低。

倒不是说女人30如狼、40如虎，其实成熟女性对性的见解与开放，比青涩女性要来得大方得多，她们懂得防卫，也懂得享受。换个角度想，男人也是愈成熟，技巧愈好，愈能掌握敏感带，讨女人欢心，不是吗？

坚持或许愚蠢，却不会害了你

亚洲娱乐圈有名的两位艺人，公开承认两人第一次约会就上床。一时之间，两人都成了娱乐圈炙手可热的人物，这个新闻出来才没多久，就传出两人感情转淡。

女方不甘男方自行公开宣告分手，借由媒体细细倾诉两人床事，让读者大肆消费两人的感情世界。这件事受伤害最大的是谁？当然是女方！恋爱没有守则，当然也没有规定："脱下对方衣服裤子的同时，就得要负责为对方穿上婚纱。"

热恋时，情感的欲望得到发泄，自己的欲望得到实现，这意味着什么？满足，但是只要满足高兴就好，事后付出的代价可能不少。缺少了"爱护尊重"的情感基础，什么变局都是可以预料到的。

爱情不是输不输得起的游戏，大多数女性将身体的付出当作是生命全部的付出，如果真情换来绝情，轻微的或许只是心底一道深深的伤痕，严重的状况可能让人粉身碎骨。不轻易上床的坚持或许愚蠢，却不会害了你。

不要轻易交出自己

现在的性观念直逼欧美，大胆开放，竟然连初中生也疾呼："交出我的第一次！"青少年协会曾经辅助一位初中女生小玲，因为班上女同学都有过性经验，她担心自己成为"剩女"，所以在自己的网页部落格上匿名发表"拍、吓、拖、叫都可以，有人要就好……"的征友文章，真是让人担心！

感情的来去都有自己的时间，强求不来，不用着急，只要怀抱信心，属于自己的爱情密码最终定会揭开。

还不懂得怎么爱自己，就先不要去爱别人。懂得爱的人，一定不会做出伤害自己和他人的事情。

你的一切都属于你自己！让自己的生活过得精彩一点，别人自然愿意融入你的生活，也会期待跟你有更多的互动。懂得过生活的人，另一半也会过得精彩。

幸福来自于智慧

因为爱过、伤过，所以知道，幸福来自于智慧，性爱只是爱情中的一章。性是一种欲望激情，也是一种感官享受，第一次约会就上床，很难从中分辨"心中到底是爱，还是不爱？"压在身上的，抱在胸前的，不一定是想拥有的。恋爱中的男女要自觉，只有明白爱情的真谛，才能拥有幸福。

幸福的人会懂得超脱，懂得爱与被爱。爱一个人要适可而止，自作多情的人，其实只是想乞求对方爱情的怜悯与施舍。不管是第一次约会还是最后一次，不要让爱情变成痛苦，当身体的亲密关系变成记忆，就好好收藏，多年以后，如果偶尔想起，希望还是有美好的回忆。聪明的人知道让自己快乐，才是最重要的事情。

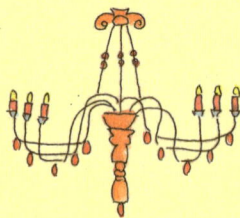

真爱密码

　　情人当然要经常约会，约会是两人充分了解的机会，只有通过相处，才可以感受很多细节与个性差异。约会是感情的试刀石，把每次的约会都当成磨刀锻炼的机会，不必抱定希望，但一定要把握机会！

第一次约会注意事项:

　　1.真心就可以，诚意最重要。不管男的女的，最好仪态端庄。不聒噪，也不沉默，聊聊两个人的爱好，然后找出话题聊，慢慢增进感情。

　　2.如果对方是想结婚的男性，基本上个性还是偏传统，女性稍微矜持，不要第一次约会就上床，让日后有更多接触的机会，能相互接受彼此真实的性格最重要。

　　3.第一次约会最好不要谈及金钱方面的话题，车、房、贷款等，即使很想知道也别问。

　　4.第一次约会千万别斤斤计较，吃饭、喝茶如果男士表现风度先行付账，会让女方留下好印象。

　　5.可别天花乱坠地吹嘘自己的金钱实力，比如：明年买房、不久就升官加薪、我是某某高官的亲戚……有思想的女性对这些很反感，优不优秀不需要自己吹嘘，让别人来判定。

03

比学历比家世比背景
Do Not Do
50 Things In Love

嫉妒是每一个人都会出现的情绪。在爱情中，嫉妒无时不在……嫉妒别人学历好、薪水多、家世强、职务高……如果你被嫉妒的情绪绑架了，就会陷入不断的批评中！

世界，从来就不是公平的！爱情又哪来公平可言？

每一个人都有不一样的个性、不一样的选择，当然，也有不一样的幸福与爱情。恋爱的时候，金钱、地位、长相、学历、家世、背景都有可能影响爱情；善良的一颗心、勤奋、朴实、诚恳、认真……也都可能让丘比特一箭穿心。但是什么才是我们真正想要的？什么又才是真正重要的？

Bob是企业第二代，人称"小开"的有钱少爷。从小父母就安排他的前途，未来成为家族企业的接班人。但是Bob不喜欢做电子零组件的家族事业，他希望可以当小学老师，与小朋友在一起。

从小到大，他为了满足父母跑去念电机系，毕业后也顺从父母的安排，进入家族企业做事。大学时期，Bob希望可以从事幼教这一行，私底下双修教育系，拿到双学位。并同时在教育系认识女友Irene，两人交往4年，毕业后Irene当了幼教老师，但是Bob却一直不愿意把女友介绍给家人。

新娘不是我

Irene从来不知道Bob的家庭状况，Bob是个含金汤匙出生的企业第二代，不用奋斗，也不用为未来烦恼，就可以享受优渥的物质生活。Irene出身自军眷家庭，父亲是个老兵，母亲是家庭主妇。从小，她就独立自主，半工半读完成大学学业。在家世背景的差异下，两人恋情会发生什么样的转变？结果是，Bob依照家庭安排，娶企业家千金，让Irene伤心欲绝。

按理说，爱情至上，有情人应该终成眷属，这是一件美事。实际上却是，每个人都会自觉或不自觉地，将自己归属于某个特定阶层，在同等的社会群体范围内，选择自己的婚姻伴侣。是Irene不好吗？不是，而是Bob选择了自己需要的，或者应该说，Bob从来就不想辜负父母的期望。

在现实生活中，很多事情不能尽如人意。由于种种原因，真心相爱的人并不一定能在一起。

坦然接受自己的人生

Irene走过那段辛苦的情感，最后忠于自己的人生，现在感情幸福的她表示，很多事情冥冥中都有安排，当初她与Bob习惯不同、观念不同、作风相异，两个人的确有许多相处上的矛盾，如果没有那段感情，也不会有今天的幸福。

现代人谈感情，很容易比来比去。要比学历、比金钱、比家世之前，先看看自身的条件如何？学历高的人不代表两性关系能处理得好，家世富有的人不一定有基本教育水平。在爱情中，选对象还是要客观评估，实际相处。

没有相貌、没有学历、没有家世背景……可能比没有想法、没有头脑、没有社会经验来得好些。学历、地位、背景、长相、家世、金钱，到底哪一个重要？如果你选择A可能就要放弃B，人生没有处处完美，想要的不一定都能到手。金钱、家世、背景可能会使人觉得更有自信，但快乐是发自内心的，拥有外在的东西固然重要，内心的美善才是无与伦比的。恋人只要真心相爱，世界就存在美好和纯真的感情，学历财富都可能成为过眼浮云。

让爱情来叩门

真正爱一个人是无法说出原因的，你只知道无论何时何地、心情好坏，你都希望这个人陪着你或是你陪着他；真正的感情是两人能在最艰苦的时候相守，没有丝毫要求。感情必须付出，不能只求获得；不够稳固的感情，分开只是一种必然的考验。在爱情中受挫的朋友不必怨天尤人，付出了就不要后悔，真正的爱是不会有怨恨的。

茫茫人海中，一切都是因缘际会。每个人都可以去追求自己想要得到的，只要你有坚持下去的决心和毅力，在这个立足点不平等、结果也各自不同的自由社会下，爱情可以让许多事情发生奇迹与改变。只要怀有责任感、有爱心、善良的美好特质，努力让自己更优秀，自然会有人看到你、喜欢你、追求你。

真爱敲门的时间不可预测，但是，会在我们准备好的时机悄悄来临……

真爱密码

喜欢很简单，喜欢就是喜欢，不喜欢了就转身离开。喜欢好像物质需求，要之就立即想要，不要就挥之即丢，喜欢完全是个喜心厌旧的心态。喜欢一个人也很简单，想他的时候就想想，若有个新对象出现，刚才的想念就全忘记了。喜欢是这样肤浅，喜欢一个人很简单，但是爱一个人很复杂，爱了之后要生活在一起更复杂。有人喜欢你，却不一定能爱你。

成熟的人格，应该塑造成熟的爱情价值观：

1.爱情应该是朝和谐的方向发展，外在的世俗价值观影响不了爱情的真正核心。

2.爱情不是约定俗成的东西，没有一个人的状况是一样的，需要自己判定。

3.爱情需要勇气，所有在爱情中受了伤的人，都应该记取教训，勇于接触美好的事物。

4.只要是牵扯到人，就脱离不了关系。尤其男女之间，不能期望对方想的都跟你一样。爱情是两个人的事，该调整的应该互相调整；该反省的人，应该反省哪里出错，找出正确的爱情价值观，一个能够不伤害他人，也不伤害自己的爱情观！

04

情人电话一箩筐

Do Not Do
50 Things In Love

有些人情人一大堆，脚踏多条船，又是旧情人，又是红粉知己……这种具有拖泥带水、暗地偷吃的性格的人，绝对不可靠。面对不珍惜情感的恋人，你又何必坚持吊死在这棵树上！

狠不下心，就只有苦等了！

有些人身边有了伴，却还是异性电话不断，秘密情人一箩筐，暗地里大搞暧昧情、拍拖味。这类情形经常会困扰现阶段的正牌情人，对两性的伤害如同隐藏的地雷，不知道何时引爆。

面对这类棘手问题，最好的处理方式只有请对方二选一，既然和你在一起了，之前的女友或男友就只能是朋友，行为举止不能逾越分寸，连电话交谈也应该客客气气。遇到这种事，需要冷静、清楚地跟现任交往对象摊开来说明白。

如果狠不下心，放任对方继续猖狂，事情只会愈演愈烈。又或是对方割舍不下，那么你不如放手，让对方找到自己的幸福。面对花心情人不要悲伤失望，如果对方真心认真以对，一定会重视你的想法。

摊牌时，可以给对方一段时间调整，有些事情不会一时就解决，需要好好地处理与面对，但是自己的态度一定要明确，明白地告诉对方：你不可能活在没有尊严的感情生活中。

千万不要忍，忍到最后都是自己受到伤害，生活本来就有许多无奈，尤其恋人间，谁能长期忍受对方劈腿？恋人本来就该设身处地为对方着想，真的不行就放下，祝福对方找到真爱，放了他，其实也是放了自己！

如果自己放进的感情已经很深，而对方却不愿意改变，自己仍想抓住对方，那么只好"自己改变"了。你的改变就是"委曲求全"，助长对方"拖泥带水"，这是你的决定。如果这样的决定最终带来的结果是：对方找到更适合的对象，你被踢出局，那么，请不要悲伤哭泣，因为这是自找的，可以默哀。你早该知道：拖泥带水是感情中的致命伤！

谁最禁得起考验？

情人一堆的人，不是太有钱，就是太空虚，还有一些状况是：舍不得。

太有钱很容易花天酒地；太空虚是因为对现况不满足（对方还在骑驴找马，你绝对不是他最爱的人）；舍不得是基于不放手，不愿只忠情于一人！旧情人可以当朋友吗？红粉知己永远不越轨吗？这世间是有坐怀不乱的人，只是所占比例……很小！

在情感的道路上，不要默默承受，到头来，只是养成对方的大胃口！有委屈就说出来，不能沟通、不能改变，表示对方并不在乎你，那么你又何必在乎对方呢？在感情泛滥的年代，诱惑与被诱惑、勾引与被勾引，无时无刻不在上演，恋人应该筑起一道防卫墙，捍卫自己的情感，你不发声，别人自然理直气壮地闯入？若是情人自己都开了闸门，让第三者入侵，还能说什么？

　　Alan有女友、红粉知己、旧情人，他有钱有闲，可以充分利用时间周旋于三女子之间，这样的人生让他感到很满足。毕竟，谁能有这样圆满的爱情？但是好景不长，Alan的事业一夜之间垮台。当他出事之后，溜得最快的是情人，证明那个人肯定不是真心爱他。

　　只有经过考验的爱情才会圆满，谁是投机者？谁是避风港？谁是真情真义？一切的定夺只有在困境中才会揭晓！

　　经过大风大浪，Alan最后选择了红粉知己与他度过下半辈子！Alan说情人

是酒，容易让人醉；旧情人是陈年老酒，只能偶尔品尝；红粉知己是水，时时需要。

很多时候，即使你将身体、心灵、金钱都交付出来，对方也不见得会为你搭起一座避风港。死心塌地跟着你的人可能能拖累你一辈子，苦苦追求你的人可能只是为了享福，只有愿意替你受苦、愿意为你挡风、愿意心疼你，愿意付出却无怨无悔的人，才值得你去真心相待！

情感有两种，一种是喜欢，另一种是爱！喜欢是很轻浮的，爱却是真诚地投入。情人应该分清楚爱和喜欢的差别，然后对自己爱的人，好好对待。

真爱密码

秘密情人可能是自己的另一面镜子。

如果你凡事为人想，秘密情人可能凡事为自己想；如果你喜欢掌控全局，秘密情人可能特别热爱自由；如果你省吃俭用，秘密情人可能专花大钱；如果你柔情任性，秘密情人可能大方率性……每个秘密情人都有诱惑情人的基本要件，这些条件往往是现阶段的情人所没有的。

秘密情人本来就有不被公开的本钱，硬要摊开、硬要抓就要有摊牌的心理准备。否则只好就默默等待，等秘密情人不再是情人，等局势生变。当然，生变的有可能是自己的恋情。所以奉劝大家，恋人有扯不清的对象，千万不要优柔寡断，请立即采取行动：

1.用一种你与对方都能了解的理性语言，和恋人沟通交流。

2.给他一段观察期。

3.不适合做恋人，就快刀斩乱麻，只做你想做的角色。甚至，变成最熟悉的陌生人！

4.抬头、挺胸、深呼吸，告诉自己：下一个会更好！

05

从不表达爱意

Do Not Do
50 Things In Love

表达爱意是恋人最甜蜜、最微妙的互动之一。不向心上人表达爱意，就无法感受爱情的美丽，只要拿捏好表达的角度，掌握好情感的浓度，大胆出击，绝对可以尝到爱情甜如蜜。

爱在心里口要开

爱是本能，也是一种需要。那么传达爱意，就是表达情感的"必要"行动。动物传达爱意的方式很直接：鸽子会向求偶对象不断地拍打翅膀；孔雀会展开美丽的羽扇示爱；大象遇到心上人会蹦蹦跳跳地舞动四足；猴子喜欢帮情人抓虱子；而狗狗呢？狗儿干脆直接嗅闻对方的生殖器，没问题就直接上……动物表达爱的感受很肢体、很直接，但是人与人之间的爱意传达就复杂多了。人类表达爱意的方式千万种，透过语言、文字、小礼物、亲吻、抚摸……最厉害的，是眼神！

　　眼睛是女性传递感情的媒介，女性也最善于用眼神电人。根据心理学的统计数字显示，男女一对一交谈时，如果女方眼神停留在对方脸上超过30％以上，表示男方还不太惹人讨厌；如果超过60％，表示女生对男方有好感；如果100％停留？抱歉，不是女方被迷倒，而是女方极度怀疑男方说话的真实性。

　　女方对异性如果有"强烈"好感，不会一直盯住对方，反而会尽量避免与男方有眼神上的接触，只会用眼角余光，不时表达自己的想法。

　　想要两性关系和谐，眼神非常重要，其次是仪态，再来是赞美。吸引对方的不一定要美貌出众，如果你愿意用眼神表现出专注、细心、体贴，同样会让对方无法抗拒；而仪态、外貌可以凸显自己的自信与风度。经常赞美对方，肯定对方，很容易营造两性美好的氛围。

　　电眼传情也好，送礼表心意也罢，更重要的是"大声说出来"。对恋人来说，简单一句"我爱你"，用情歌、情诗表达都可以。透过大胆表露的语言和动作，人类才得以不断繁衍与延续。适时适度表达爱意，是恋人的生活必需品！

表错情，弄破碗

　　表达爱意的方式要适切。男女之间表达爱意的方式也有些不同。男人喜欢用语言，喜欢在两性交往中处于"主导"的地位。其实男性最常用大声说笑、夸耀的方式，向女性展现自己的权力、地位，以及经济实力。爱情初萌的时刻，男性往往会用照顾对方的方式表达爱意，比如并排走路时，男方会无意识地绕到女性另一边，走在外侧车道，让女性感觉受保护。

　　还徘徊在爱情迷宫外的人，千万不要表错情而让爱情绊了脚，Eric就是一个活生生的例子。

Eric喜欢Polly，希望在Polly生日那天传递自己的爱慕之情，所以Eric费尽心思请花店包了一束玫瑰，写上卡片，送上可爱小熊，将花送到Polly办公室。这个高调举动自然引起办公室同仁的注意，而原本应该让Polly开心不已的好事，为何最后却招来反效果？那一束花费上千元、惊动办公室其他女同事的香槟玫瑰，连Polly看了都觉得好恶心！原来Eric为了大秀自己的创意巧思，竟然把香槟玫瑰喷上了漆，用自以为巧克力的概念，弄成了一束要枯不枯的干瘪样、像塑胶一样的咖啡色玫瑰花。

"从来没看过那么丑的玫瑰花！"同事看到都笑死了，让Polly一整天都气呼呼的。Eric以为Polly是有主见的现代新女性，创新正是她的口味，但玫瑰毕竟是玫瑰，香槟色、白色、黄色、红色……各自代表不同花语，谁会喜欢一束怪怪的玫瑰？这样的表达方式根本让人无法接受！

玫瑰花的事件清楚透露了Eric与Polly的品味差异，Polly觉得Eric做这件事只是要让自己觉得爽而已，没有用心想过她真正想要的是什么！Eric感慨，送什么东西并不是重点，送礼就是心意！既然两人没有交集，当然，交往也就戛然而止！

　　表达爱意，究竟应该是秀自己，还是应该以对方快乐为优先考量？其实送礼者所要传送的，收礼者不一定需要照单全收，也不需要全盘否定。送礼前应该了解对方心意，适度掌握对方的需求，只要爱意的传达真诚而不黏腻，恰如其分地熨贴着彼此的心，送礼的目的就达到了。

不表情很寒心

　　许多资深恋人交往久了，早就不传情，彼此之间的言语甚至还"简略"到令人心寒的地步："快点！""去哪儿？""随便！""怎么搞的！"忽略感受、缺乏贴心交流与甜言蜜语，很容易让恋情走上分岔路。其实日常生活有许多小动作，都可以成为传情的方式：帮女性开车门、帮男性整理服装……都是极富魅力的传情信号。

　　还记得第一次遇见心上人的悸动？第一次眼光交会的瞬间？第一次拥吻亲热的触动？为何以前一句简单问候，就会让自己心花怒放？找回那把失去的魅力钥匙，重新启动情意，增加生活的甜蜜。

真爱密码

　　爱要大声说，不然就要从行为举止表现出来。不说出来、不表现出来的爱，容易郁积成伤，久成重病（爱是天然好食材，但是放太久也会腐朽发臭）。爱在心里堆积久了，容易变质扭曲，爱成了不爱，甚至转成恨，有时连自己都不知道内心起了这样的变化，追根究底，只是因为没有把爱适度地表现出来。

　　爱你在心口难开？很多人有爱不敢说出来。其实爱情就是拿肉麻当有趣，短信传情是时下最流行的表达爱意方式之一，何不给情人一则短信表达爱意？就算是简单的几个字，也能让情人心头甜蜜蜜。

　　1. "我爱你！"
　　2. "我会一辈子让你！"
　　3. "我的肩膀随时让你靠，胸前随时让你抱，认识你真好！"
　　4. "就是喜欢你！"
　　5. "我要在你心里。"

06

云霄飞车般的情绪

Do Not Do
50 Things In Love

　　有爱意时百般包容，一有不满则万事不OK，情人高低起伏的情绪常会吓走爱人。恋爱考验一个人的情绪智商，带着偏执谈恋爱，很容易造成心灵伤害……

为情伤风、为爱感冒

　　人是情绪性的动物，生下来就注定非理性，只是有些人隐藏得很好，有些人藏不住。情绪化是很正常的，每个人都有情绪，喜怒哀乐就是一种情绪。如果坐在公交车上度过一天，你会看到形形色色的乘客什么样的表情都有……

　　人不可能永远活在好情绪之中，生活中总有挫折、不如意、消极的情绪。只是一个心理成熟的人，善于控制自己。

　　恋人的情绪，经常飘忽不定，叫人难以捉摸。恋人的世界很小，眼中只有你和我，一个妒忌可能翻脸跟翻书一样快。原本怒气直线上升，后来发现原来是个误会，燃点沸腾后还可以瞬间骤降成零度。没错，恋人的情绪就像云霄飞车这样刺激！

恋人经常会为情伤风、为爱感冒，而且一发作就是天大得不得了，不过这样的火辣情绪偶一为之就好，多了可真吓人！情绪的不满都是因为环境事件所造成，天气阴湿、生理期来……也会有影响。

发泄情绪的方法人人不同，有人破口大骂、有人生闷气、有人摔东西、有人借酒浇愁、有人大吃大喝……舒缓情绪的方法，最好是在心中默数十秒，从一到十，克制当下的情绪，恢复平静，不让自己说出后悔的话，或做出冲动的决定。

如果没有力量去对抗自己不满的情绪，那么就赶紧离开当下那个环境。出去散散步、逛逛街、打打球、听音乐，或是向好友大声哭诉。

哭泣是一种治疗方法，痛哭之后，往往心情就好多了。不必因为哭泣而感到不好意思，哭是感情自然宣泄的管道，泪液中释放的钠元素，有杀菌消毒的功效，是洁净心灵的最佳工具！

了解自己需要什么方法舒缓情绪，就可以有效恢复好心情，然后再从好心情当中，找出可以让自己快乐的方法。一旦情绪得到了改善，眼界就会更高更远，也会对生活产生新的想法。

情绪管理是必修课

恋爱不算病，但是若把情绪失控带进恋爱中，反而具有

杀伤力！跟情人分手的小伟每天借酒浇愁，情人节那晚他喝得醉醺醺，街上到处是成双的对侣，情绪大受刺激，还差点开车撞到人。

同样情形也发生在Calvin身上，失恋让他内心十分愤恨，随身带刀，想要向变心的女友报复，没想到半路撞到人，一时愤怒冲动下，砍伤对方逃逸……这些都是恋人分手后，没有做好情绪管理，不知如何排解不良情绪，才会不珍惜自己的生命，把怨气发泄在情人，甚至不相干的人身上。

当爱成往事，如何好聚好散，和平分手，是恋人必修的爱情学分。

恋人的情绪受波动，都是因为没有得到满足。其实每一件事情都有它的正反面，不需要因为暂时没有看到好处，就让自己被情绪牵着走，让自己变成一个不像自己的人。

情绪智商能力

一个人快变心有许多迹象可察：老是加班避不见面、态度冷淡、讲话有一搭没一搭、看一切都不顺眼、让对方感到知难而退、非常容易生气、耐心愈来愈差、突然失踪、关机不见面、金钱上开始算得非常清楚、出现第三者……

情绪是最直接的反应，恋人的不安、担忧，都是因为对感情太投入。当自己发现一切都无法挽回时，聪明的你要慢慢地收回、慢慢地抽离、赶紧回到自己一个人该有的正常生活轨道上。

遇到伤心难过的事，可以朝这样的方向去思考：伤心事任何人都会遇到。悲伤和痛苦都会过去，曾经发生过的恋情不会消失，只是爱已不在，好好过一个人的生活，现在的一切会让自己变得更加坚强和成熟，也许有些辛苦，但总能克服，只要爱和善的力量存在，人生没有什么好怕!

真爱密码

　　每个人都有情绪，只是有人修饰得比较好，或者应该说，有人"修行"得比较好。在传统社会的制约之下，男生多半被要求要沉稳、不动气、没有情绪。久而久之，男性的情感被压抑，几乎很少男性是聒噪的，但男性变得沉默，不善于表达，情绪也让人摸不着头绪，尤其对情感三缄其口的人，有时候真让人费解。

　　相对而言，女性的束缚就少得多。女性的情绪一向抒发自如，加上生理期作祟，女性常常没来由地放任自己。其实只要把持住对人的尊重，情绪是无法干扰情感的。不过谈感情前，还是要多多观察对方的情绪表达能力、面对压力的反应、人际关系及个人兴趣，这样可以避免恋爱进行时多余的困扰。

不论男女，云霄飞车的情绪与性格息息相关，下列几种特性的人情绪起伏会很大，要多加防范注意：

1.情绪掌控差。

2.冲动性格强。

3.负面思考多。

4.人际关系少、外界关注少。

5.兴趣少。

07

公主病与少爷症

Do Not Do
50 Things In Love

喜欢被捧在手掌心当公主？想成为全世界最有价值的单身汉？这是一种可怕病征，永远不清楚自己的位置，活在自己的幻想里，分不清楚现实……

抗压指数是0

哪个女人不希望有人把自己捧在手心？哪个男人不希望自己心爱的女人贴心温柔？最近不知道是怎么了，男女之间的气氛笼罩在非公主即王子的贵族社交中，愈来愈多的年轻女孩患上了"公主病"，愈来愈多的青年男子莫名得了"少爷症"。

患有公主病的女性，通常是向往公主般的生活，偏偏自己又不是。于是内心营造出来一个"假公主"。假公主很懂得利用女性特质，总是一副楚楚可怜的模样，认为自己无法提重物、无法承担压力、无法受到刺激……把生活建立在自己架构出的虚拟世界中。

浪漫是她们的精力汤，爱情是她们的摇头丸，她们毕生的职志就是"把自己交给别人负责"。公主没人呵护就会暴毙，没人拥护就会成为泡沫，如果被别人发现自己内心的脆弱，公主不会觉得尴尬，反而声泪俱下，觉得对方真是体己。公主让自己相信，没人伺候她就无法自理，整个人不堪一击！难道当公主一定要这样"没用"吗？

"公主病"说穿了就是爱幻想、爱羡慕，希望过上流社会高调虚浮的生活。"公主病"让女人认不清事实，自以为应该被捧在手掌心，除她以外，其他人都不是人，是奴隶！所有人都应该要以她为中心，顺从自己过日子。

这样的人，总是希望别人伺候着她，把她捧上高处，看不清楚自己的弱点与缺失，习惯让别人付出，从不问自己为对方做了什么。这样的人，抗压指数是零，一旦受到挫折几乎无法承受，容易走上自毁的路。

想当公主，可以，但是要当就当"真公主"。其实大多数的"真公主"非常平民化，知书达理、穿着得宜、谈吐不俗，有些拥有博、硕士的高学历，一点也不高傲，反而待人和善、心地善良。

这些"真公主"坚强独立，不靠男人。在她们的印象里，从小到大，女生就一直比男生更能干。因为从小她们就包办班长、卫生股长、风纪股长、纠察队长……说话比男生冲，上了大学，情形依然没有改变。当男生还处于怕兵变、当跳梁小丑、酒醉闯祸的阶段，"真公主"已经放洋学成归国、赚钱买房……一路比男生罩得多。

由于从小受"两性平权"教育，"真公主"没有女生是弱者的想法。

学生时期的"真公主"在男生的印象里是："真恰（凶）！"凶巴巴是男生给的形容词。

入社会后成了："真强！"（其实男生想说："真亮眼！"）

如果超过年龄未婚，事业又有成，会被男性戏谑为："真霸！"然后酸溜溜地说她们是女王。（其实男生自认"比不上"！）

"真公主"才不是霸道的女王，她们没有女王的历练与霸气。有时候，她们甚至还有点不食人间烟火，因为一路扶摇直上，从未经历社会底层现象。刚开始你可能会以为她们装不知，后来发现她们是真不知，因为"真公主"仍有着单纯的可爱，她们的确"很真"！

生活不是童话

　　生活不是童话，公主病和少爷症的病因，说穿了就是建筑在童话幻想里，只想依赖他人，不愿付出努力。公主病和少爷症喜欢抱怨、哀叹"好男人都是别人的男朋友""好女人都是别人的妻子"，感慨自己没有人要！

其实两性是平等的，互相的，分工的。你尊重自己，别人就尊重你；你愿意和她分享，她就愿意和你对半。可能男女有别，各自负责的项目不同（总不能要男生怀孕生子吧）。基本上，男女的相处模式若以对等的态度，就能和乐融融。但是不劳而获绝对不会得到你想要的。

所以，想嫁企业家第二代，就努力积极打进企业家第二代俱乐部去认识朋友；想得到一份高阶工作，就请先培养高阶主管该有的专业；想要朋友关心你，就请先反省自己有没有经常站在朋友的立场想；想要得到完美的恋情，就请先看看自己各方面的条件如何；想要有心中的幸福恋情，现在就开始去改变自己的心态。

女性可以当一个娇滴滴的小公主，但是不要失控变成无理取闹的小孩；耍脾气可以，能讲理就没问题。只要你愿意负起自己人生的全部责任，你就是快乐的小公主与阔气的大少爷。

在两性关系中，最正确的态度是：自己必须要有能力照顾自己、养活自己。有能力之余，尽力地照顾他人，如果对方愿意多承担，那是对方多付出的爱，我们更应该好好珍惜，不可视为理所当然，更不应该压榨！

所以，不想为难自己，又何苦要求他人。没有人应该在你需要的时候，就一定要出现在身边。没有人一定要接送你上下班，当然，生日也不一定非要送你礼物不可。恋人不需要把世俗价值看得太理所当然：男生一定要赚钱养家，女生一定要煮饭生小孩；生日一定要庆生；情人节一定要吃大餐……所有恋人花招都是资本主义金钱游戏下的产物，你不进入这样的窠臼，就不会中这样的计。

如果恋人把这一切都视为理所当然，就很容易抱怨、指责、嫌来嫌去……心中有气难解，自然没有好话，两人相处的气氛不僵也难。

不管是不是公主、少爷、孩子气、女王，做一个有尊严的人，你就会获得应有的尊重。恋人愿意体贴、实在地互相对待，将心中的爱与对方分享，幸福就真的存在。

真爱密码

　　这个世界需要浪漫、需要童话故事，我们都钦美童话故事的美好，以及童话故事的完美的爱情。但是黛安娜王妃和查理王子的童话爱情破局后，让大家知道童话故事不是真的，一切只是包装与假想。

　　每个人都想当公主与王子，都希望每天回来就有佣人把一切整理干净，吃完饭不用洗碗筷，吃喝玩乐不用花自己的钱。如果可以坐，就不要站，可以躺，就不要坐，有人可以依靠，就不要自己努力……大多数有公主病或少爷症的人，只是虚有其表的大草包。

　　真正的人生不是活在假想当中，不应该受利于他人，也不应该操控别人，懂得尊重、分享，对方也才会用平等的方式对待你。

告别公主病与少爷症的四大药方：

　　1.认清自己生病了，看清自己好逸恶劳的个性。

　　2.写下自己的缺点。

　　3.不要求别人，尽量要求自己。

　　4.完成前三项要点，然后把自己打扮得美美的就是公主，把自己整理得帅帅的就是少爷。

08

谎话连篇
Do Not Do
50 Things In Love

谎言有善有恶，不管何种谎言，都是很容易被拆穿的！美好的两性关系，源于真诚与坦白，唯有忠实履行自己的承诺，才是有价值的人生，也才能找到真正的幸福……

会说谎的情人，不是好情人

人总有七情六欲的时候，哪怕是再完美的借口，欺骗情人就是不对。说谎的情人绝对不是好情人，但是说谎者可不这样认为。谎言有两种，一种是善意，一种出于恶意。谎言如果是善意的，可以另当别论，但是要看是何种谎言。比如面对情人罹患癌症之时，当医生判定对方只剩一年到三年的存活时间，不告诉对方是基于善意，一来于心不忍击溃对方的自信心；二来希望对方不要受到太大的刺激与压力。但是，终究需要让对方理解病情，让许多事情提早做准备，包括重建内心自信与面对的勇气。

癌症需要化疗，这样长期的抗争，不是靠谎言可以隐瞒过去的，不告诉当事人，怕对方失望、失去活下去的勇气，都是消极地面对生命。爱情的力量，可以面对世界，面对病痛，面对很多的苦楚。生命的韧性也是，在遇见重大挫折时，自然会迸发一种无可限量的力量，找到生命的出口。

Wendy的情况却是恰恰相反，她与男友认识交往超过7年，未婚生子。去年男友陪她上医院做检查，医生告知男友她可能罹患乳癌，需要深入检验，男友却隐匿不报，骗称她只是工作劳累，要她好好在家休息。

半年后，Wendy的乳癌已经蔓延，情况非常紧急，男友却早已不知去向。经由开刀后Wendy保住了一条命，但是需负担庞大的医疗费，以及孩子的教育费，经由社工人员与教会的协助，母子才得以安稳生活。男友不但害她延误治疗，还在她最需要的时候一走了之，完全不负责任。

Wendy对自己的选择十分后悔，当初怀孕时对方不愿承诺婚姻，就应该知道这个人不想负责，两人同意共同抚养孩子，住在一个屋檐下，她以为可以经营一个不受世俗价值影响的家庭，一而再，再而三地委屈自己，没想到最后竟换得这样的下场！

有时候，事实是炽热的太阳，照得你睁不开眼睛。谎言却恰恰相反，它像美丽的晚霞，把一切映照得绚烂艳丽，让人忘记真相。

Wendy的男友或许是出于善意，害怕面对生活即将出现的变化；或许是出于恶意，避免成为自己的负担。不管动机为何，他都做错了。因谎言没有善恶，谎言的真相只有一个：不敢面对！

像Steward想跟朋友跨年，却对女友Élan说工作忙碌，要加班到很晚，Steward不说是为了怕女友不高兴，避免两人发生冲突才说谎，要也是出于善意，恐怕很难让人认同。

要相信自己的判断，才能把谎言戳破，把谎言的裁判权拿回手上！如果选择相信对方，那就请一直相信下去，不要抱有一丁点的怀疑，这样只会让两人失去尊重地猜疑下去。如果不相信，就找出真相，戳破谎言。

爱的实践第一步

不说谎就是爱的实践者。明明知道说谎不好，又为什么要说谎？说谎有很多种可能：可能背叛、可能出于善良的动机、可能害怕、可能做了对不起对方的事、可能是不信任对方……根据事情不同，谎言动机的解读也不同。情人眼里容不得一粒沙，小小的谎言也会把幸福推向老远，习惯说小谎，就会编大谎，明智的情人不会做出这样损人不利己的事。

说谎是很容易被拆穿的，戳破谎言，对方的面子也挂不住，还得看事情的严重性，才知道两人的亲密关系保不保。

Jenny是守不住秘密型的广播女，一遇到大事情，就会搞得她心神不宁，神经脆弱。日常生活上，男友Sam很清楚她这样的个性，所以事情不到最后关头，没有处理好，绝对不告诉她。Jenny也渐渐适应Sam对待她的方式，也不追问了，再问只是逼Sam说谎，反正事情过后，他总会一五一十地把真相招出，不会让她猜疑。因为爱是沟通分享，不是骗来骗去。

要知道一个人有无说谎，最好的方法就是看对方的"眼神"。问到要点时，情人眼神闪闪烁烁，就可能是在说谎。但聪明的说谎高手懂得如何规避谎言，可以睁眼说瞎话而无动于衷，遇到这样的高手，情人只好小心看招了！

遮遮掩掩的谎言，终究只是想画一个虚幻的美梦，不切实际。情人可以相信爱情，但千万别迷信谎言。不说谎是爱情的表现，把爱落实到真实里，实实在在、朴实无华，这种情感才能叫人感动至深！

真爱密码

　　说谎、规避责任……是人的劣根性之一。说谎的人不愿意看清楚真相，不愿意处理事情，只想搪塞、鬼混过去。说谎是恋情的杀伤力之一，当然，有时候说真话反而对感情的伤害更大。不管说谎还是不说谎，真相大白的时候，是不是谎言已经不再重要。

　　恋人的真心会变、感觉会变、心态会变……只有真相不变。真相是，如果结婚生子了，想切也切不断，因为血缘关系一辈子存在。恋人可以轻易分开，只有两个人，实在没有太多生活牵绊，顶多是感情受伤。但结婚生子就不同了，要考虑孩子的未来、家庭的完整、经济的安排……说谎是一种习惯，千万不要姑息说谎者，小谎不纠正，大谎难收拾！谎话连篇就是鬼话连篇，欺人者人恒欺之，恋人之间如果尔虞我诈，有何意义？

面对谎言，请给自己一些时间去思考：

　　1.情人为何要说谎？可以精确抓出对方动机吗？

　　2.要戳破这个谎言吗？后果可能会是什么？

　　3.自己可以接受谎言背后的真相吗？如果不能接受，能不能找出方法让自己接受？

09

完美主义
Do Not Do
50 Things In Love

俗世没有完美的东西，完美是虚幻的。恋人要求完美，那是乌托邦式的假想，因为恋人间有不足、有缺憾，所以才要在一起相互扶持……

完美主义是一种病

"完美主义"是虚幻的代名词。世界上根本没有完美这种东西，就是因为不够好，所以才促使大家前进，不完美是整个世界进步的动力。正因为有不完美的存在，社会才更加有秩序，文明才不断向前。一个追求完美的完美主义者，他们的世界观是偏狭的，因为缺陷也是一种美，为何却被摒弃在一旁？

完美主义者的人格特质很容易分辨，通常会出现下列几种情况：一是非常注重细节；二是标准很高；三是不允许犯错。完美主义者往往注重外表的呈现，在意别人的看法，很容易心情低落，有时会自我怀疑，变得不信任别人。

心理学家Hewitt曾针对完美主义者进行性格分析，第一类是"自我要求型"，高标准的追求完美，完全出于对自己的期望，这种人严以律己；第二类是"要求他人型"，喜欢替别人定标准，不允许别人出错，这种人是严以待人者；第三类是"被人要求型"，这种人所追求的完美，是为了达成社会或者他人的期望，这类人自己给自己的心理压力非常大。不管哪一种类型，完美主义者都追求绝对的圣洁，容易对事情感到不满。

人人都有瑕疵，在爱情中，完美主义者最害怕面对的是：看不到自己要的结果！他们不敢靠近真相，渴望知道结果，知道结果后却无力承受……完美主义者对爱情怀抱太多虚幻，往往也受伤最深。

Amy就是一个在感情上十分要求完美的粉领上班族。她曾错过几次不错的对象，第一个男友交往了近3年，对方因为老是忘记约会时间而被她刷掉，这还情有可原。

第二位男士认识了6个月，因为对方没穿背心，他衬衫下若隐若现的两点让她胃口倒尽，这未免太挑剔。

第三位男士还在交往中，家世、背景、学历……什么都好，Amy却觉得他牙齿不够白而想要放弃。

Amy应该算是完美主义的重症病患了，不知情的人，会以为她很爱故意刁难，其实问题出在Amy的内心，她压根儿不相信自己会有很美好的感情。Amy幼时父母离异，她是独生女，从小就被送往国外念书，个性独立的她并不相信爱情。或者，她是在逃避爱情，逃避自己内心对爱情的不安全感。

太在乎小事情，抓不住大幸福

　　追求完美是一件值得被鼓励的事情，但是千万不要将事情过于复杂化。完美主义者不管做什么事情都要想半天，一定要用最好的解决方法才去做，有时卡在一个细节就无法往前走，因而变成"太在乎小事情，抓不住大幸福"。

　　Jennifer是女装设计师，要求完美百分百的婚礼，当她看上一款需定做的婚纱，竟然因为一件婚纱在婚礼之前赶不出来，未经讨论就擅自决定将已经发出帖子的婚礼延期，受这件事波及的人很多，闹得两个家族不欢而散，僵持不下几个月，连她的婚事也悬空破局。

　　这种枉顾别人感受的完美主义者，已经变成十分独裁。完美主义的恋人真该放轻松，不要强迫凡事一定要做到百分百。

　　克服自己要求完美的方法：首先，分散自己的注意力，不要专心一致地盯住那件事。其次，把精神耗尽，可以多运动、多流汗、多花心思、多助人。

　　幸福的标准不在于"有多完美"，而在于"有多愿意共同努力"。是不是"百分百情人"不是感情的关键，"对方是怎样的人，可以做到哪些事情"才是恋人幸福的所在，不一定要臻于完美。

　　"我爱你"三个字可以很轻易说出，却很难实践。不管走的路相不相同，不要以自我为中心，互相信任、互相理解、用心包容，认真倾听对方的话、尊重对方的思想和主张，真诚付出、多多支持，这才是真正的相爱。

　　世界上没有任何人可以承受得起完美主义者的爱情，"我爱你"三个字在完美主义者的内心是千斤重担。每个人都想把另一半塑造成自己想要的幻影，对方却有与生俱来的个性。恋人相爱，如果可以记得每天都是新的人生，每天都是最后一天，就会懂得珍惜把握当下。情人可以追求完善，却永远无法完美！

真爱密码

　　基督教说上帝造人是完美无缺的，只是人类偷吃禁果带罪而来。佛教则透过潜心修炼让自己的身心灵完好如初。人类天生有对于美好事物的向往，不断追求完美、卓越，却发现力有未逮时时发生。

　　世间的真理如同物理学：一切都是交互作用，相互相生。每个思想、心念、行为一旦出去，都会创造出一个涟漪，一个一个影响，扩大到全宇宙，仿佛蝴蝶效应……总会回到自己身上。完不完美只是一种渴望，看待残缺如能以一种美的角度欣赏，压力就不会这样大。

完美主义者应该要调整许多心态，要求完美之前，可以先自我思考以下几点：

1.自己的能力有多大？先合理定位自己的位置，抓出自己的优点和缺点。

2.坦然面对自己的现况，坚定信念。失去并不可怕，怕的是不敢面对。

3.制订合乎情理的短期目标和长期目标，不眼高手低，脚踏实地。

4.与情人培养默契，分工协力，约定好做到80分就放手。

5.培养对其他兴趣的喜好，平衡生活与情感的关系，心情放轻松。

⑩

黏腻腻勾勾缠

Do Not Do
50 Things In Love

就是爱你才黏你，天生喜欢勾勾缠。爱情中的各种状况都是合理的，只是恋人接不接受而已。但是大多数的感情会因黏TT而告终，毕竟，每个人都需要空间呼吸！

只是为了确保两人关系存在？

小芬是一个黏人的女孩。刚开始追她时，男友不介意，时间一久，男友被她黏得快要抓狂。

"你可不可以去过自己的人生啊？"男友分手时丢下的最后一句话让她心寒。十几岁的两小无猜，谈起恋爱来，日夜不分，甜蜜一箩筐，小芬早就以身相许，这样刻骨铭心的爱，怎样结束都很痛苦。

无法接受分手的小芬，每天还是习惯打电话给男友，等他下课，和他一起吃饭。男友每次歇斯底里地大骂她，威胁利诱，甚至把新女友带到她面前，小芬被骂不要脸、倒贴、不知羞耻、勾勾缠……但是，她怎样被骂都没有关系，她只希望他们还在一起。

故事最后的结局是男孩转学，小芬因为分手事件而自残，她以最激烈的手段向世界宣告自己的心碎，幸而被她的家人及时发现，毁灭后的重生，经过师长的深入关怀，让小芬整个人又活了回来。

爱情中的两情相悦会叫人沉溺无法自拔，刚开始谈恋爱，两人在一起多久都不嫌腻，一段时间之后，新鲜感消失，有人会出现需要自由空间的时候，这时如果有一方还沉浸在爱情的迷醉当中，就会不安、猜疑、黏人……这些恋爱症候群的表现，是爱的副作用，基本上只是要确保"两人关系还存在"。但是失去空间的另一方就不这么想了，可能会急于甩开恼人的烦恼与负担，却忘记这些方法多么残忍粗暴，小芬的前男友就是这样。

爱情是需要经过考验的，考验自己的独立性和对他人的信赖感、依赖感，考验自己的爱情观与处理爱情的能力。

年轻人的恋情常常很表面、很肤浅，喜欢就在一起，不爽就分开，往往忽略了分手带来的"失败冲击"以及"依赖感消失"，会对情人内心造成的感受，这些感觉都是一种伤害，尤其对那些视感情如生命全部的年轻人，付出的都是真心，不但第一时间无法接受事实，不管用什么方法，就是不愿意面对分手。

小芬说，就是因为爱他，才黏他。错！其实是因为害怕失去，才黏他。老师开导小芬：失去一个人，并不会失去一个世界，没有他不会活不下去，试着活下去看看，看看没有对方的

日子是否真的如此难过？

老师也鼓励她：再怎么伤痛欲绝的感情，都是可以痊愈的。为了"错误的男孩"失去生命，连老天爷都会笑！活过来就是补偿自己的错误。

老师教她从这次事件中认识自己、认识如何爱与被爱，认识什么是有质量的爱情……死里逃生的小芬，逐渐恢复了自信与笑容。

分手不是世界末日

黏人的表现有好几种，比如：很少有自己的时间，都是与对方在一起、看到什么都喜欢立即与对方分享、无时无刻不想掌握对方的行踪……久而久之，黏人变成一种控制欲，愈陷愈深，愈来愈不在乎自己。

习惯黏腻腻、勾勾缠的人，无法得到幸福，因为内心深深的不安全感作祟，害怕这、害怕那，已经大大地削减自己在感情中爱与被爱的能力，也把爱情的质量降格，搞得彼此紧张兮兮。

分手不是世界末日，分手的最大痛苦是：甜蜜瞬间消失！以前卿卿我我、口沫交融、无话不说的甜蜜感，通通都消失不见了，连带的亲密与快乐也没有了，留下的只有负面感受。

其实谈恋爱真的不是一件轻松的事情，每个谈过恋爱的人都知道，每个被情人要求分手的过来人都有一堆心酸史：心力交瘁、受伤、走不出来……各种的阴影，好像活生生被剥了一层皮般痛楚。

但黏腻腻的恋人基本上就对感情采取不信任的心态，这种已经先入为主的错误看法，会导致感情走向极端。要避免"一朝被蛇咬，十年怕草绳"，解开自己对爱情的不安全，不重蹈覆辙，让自己的感情不被勾勾缠绕颈窒息，还是要从自己的内心深处找出原因。谈恋爱应该是快乐的心情，不要黏腻腻搅成烂泥！

依赖是一种习惯。习惯一旦建立就很难改。梭罗居住在湖滨小屋时，每天独自从屋里走到湖边，每天走着走着，一个月后，竟走出了一条小径。习惯就如同小径，已经形成一道深深的轨迹，涂销不掉，除非放任不管，任时日俱增杂草长起，才可能将之前的轨迹覆盖掉。依赖就如同小径，一旦养成习惯，短时间就不容易改变过来，需要一段长时间的改变，或者一件重大事件的刺激，让注意力转向，才可能矫正依赖感。

爱得有多深，伤得就会有多痛！黏腻腻情人在爱情中属于弱者，因为依赖、因为不安全感、因为需要对方……所以黏腻腻情人的爱情，比一般正常人来得要多、要深、要浓，谈起感情特别辛苦，所以，更要特别注意恋爱之前的停、看、听：

1. 如果对方表明自己是一匹黑马，不喜欢别人黏，那可能不是你的菜，请多加考虑！

2. 恋爱前先表明自己很黏人，给对方打强心剂，告诫对方不能接受，最好勿轻易尝试。

3. 找一个和你一样黏腻腻性格的人，治愈你的黏腻腻。

Part 02
别让扭曲的观念耽误爱情

衣服永远少一件，钞票永远少一张……进入爱情的男女，比较永远不嫌多。扭曲的爱情是一种荷尔蒙分泌，味道不到半年就会消失，昙花一现的爱情动机不单纯，靠不住的恋情让人失望，只因为恋爱观念愈来愈虚伪！

Do Not Do
50 Things In Love

11-20

每個人都需要三種情感
親情，友情，以及
愛情。

Girl,
    Needs
Love ......

⑪

把对方当成性爱机器

Do Not Do
50 Things In Love

　　青春期对性好奇，有一段时间会对异性产生许多遐想，沉溺在肉体的欢愉。人有七情六欲，不论几岁都可能会有性的烦恼，但是只重性爱轻情爱，这种关系保证无法长久……

性不是幸福的手段

　　现代社会作风开放，年轻男女很早就把身体交出去，爱情会让人失去很多东西，金钱、身体、学业……Dona小学六年级就发育良好，初二开始交男朋友，男友Max是个高中生。Dona说，Max在床上功夫极好，他会帮她按摩，帮助她放松，然后极力迎合、百般讨好她的需求，这样的好生伺候，好生款待，让Dona飘飘然如公主，享受鱼水之欢，两人沉溺在性爱里。

　　Dona以为这一辈子都离不开Max了，两人形影不离，师长家人朋友都劝不听。以往两人性爱没中招，很不巧，就在要升初中前，Dona中标了，Max要她流产，Dona觉得反正年轻有的是身体本钱，一个年轻女孩，就这样去做人工流产，还为了爱情放弃学业，初三后就没有升学。

Dona为了爱情的理想牺牲前途，几年以后又小产，这时候身体已大不如前。小两口同居，两人生活也需要钱，无奈Max手头紧，工作经常换来换去，开始常吵架、摔东西、大打出手。几年之后，两人分手。因为只有初中毕业，Dona几乎找不到养活自己的工作，无助的她只好去酒店，骗走一个客人金饰、存款约80多万元，年轻的生命进了牢狱。

入狱前，Dona这才清醒，年轻时被爱冲昏头什么都给，金钱、身体、学业……当初把这些看得很轻，回头想想，这些都比爱情重要。为了一段爱情，她真的失去了很多东西。出狱后，她重拾书本，半工半读完成学业，找到一份稳定的感情，可惜她再也无法生育。

年轻人的爱情稳定度不够，未经思考的爱情容易失去方向，演变成荒腔走板的剧情。有时候，恋人以为爱情就是自己想象中的样子，以爱情为中心，放弃身体的矜持、放弃学业、放弃健康、放弃家人朋友、放弃梦想、放弃尊严、放弃自己的未来……爱情不是牺牲，爱情应该有智慧，年轻时可以爱得尽兴，但是不能为爱情牺牲到底！

性爱基于情爱

对大多数人来说，性爱是欢愉的。但是不需要为了享受鱼水之欢，就一定要找个伴。要解决自己的性需求不是随意抓个人就可以，这样的意念太恐怖，也太随便。性爱应该建立在情爱的基础上，没有情，没有爱，性爱的成立只是身体的游戏，假面的需求关系。不论男女，青春都是可贵的，同居可以，性爱可以，为的都是探试彼此能不能一起生活，一切的目标都是为了追求幸福，其中若是缺乏爱，充其量只是无意义的角色扮演。

不必因为自己没有性经验而感到自卑，也不必因为自己曾经有太多性经验而感到不纯洁。有没有性爱不是重点，重点是：值不值得去爱？不要随波逐流，不要轻易献身，愈是随便，辨适度愈不高，周遭就愈容易充满各式各样的不同磁场的人，在众多人群中，真正专属于你幸福的那个人，你反而看不见。

不要让自己的幸福溜走，情人必须精确锁定自己要的情人。就像市场营销，要针对不同的族群，给予不同的市场定位，名媛的服饰就是比少女服饰的价位高，夹脚鞋一定比真皮马靴容易穿，你的爱情由你自己定位，你的幸福由你自己掌握。只要清楚自己、了解自己，认真对待自己的存在价值，你的爱是会让人上瘾的。也就是说，要有这样的信心：一旦爱上了你，就无法再爱别人！

尊重自己的特质

大胆做自己，自然有喜欢你磁场的人接近。不必效法性解放主义者的观点，也不必局限于传统保守主义者。你就是你自己，多投资自己，疼爱自己，做一个独立自主的人，如果因为不答应对方无理的任性要求而分手，应该庆幸自己没有成为性爱机器。非常的幸福，绝对来自于非常的尊重。而且，快乐是爱情的基本元素，没有快乐的性爱，是一种折磨，拥抱的会是一种空洞！

真的不必浪费时间在一个不了解你的人身上。你越是尊重自己的特质以及存在的价值，你就愈能剔除痞子、无聊人士亲近的机会，少掉几成错误选择的对象。短短人生，要找到自己的幸福，眼睛要放亮点，切入要精准些！

真爱密码

身体和灵魂可以合而为一，也可以完全分开。

寻找灵魂伴侣的人要求身心灵的紧密结合，这种高标准的爱情人间难觅。大部分的人，尤其是大部分的男人都会愿意承认，自己的下半身思考比上半身快。人，终究是动物界的一环，身体总是会有需求，太过重视灵魂会找不到伴。

性爱容易让人误以为自己得到爱情。其实对许多男性而言，性只是性，与忠诚无关。遇到这样的男性，与之发生关系而盲目陷入爱情的女性，最容易受伤。有没有做过没关系，开不开心？后不后悔？也无须追究，性爱会引领情人进入更深的爱情领悟，只是代价得要自己负责。

恋人的性爱手则：

1. 性是付出，不是玩乐，付出后会有代价。

2. 享受性爱的同时要勇于承担性爱的后果。

3. 正常的性关系里，都是心甘情愿。

4. 性爱不应该造成伤害。

⑫

我是不是你"最爱"的人

Do Not Do
50 Things In Love

恋人可以一起追求经济力量、情感力量，就是不必苦苦追问：是不是你"最爱"的人……其实，最爱的人不一定就适合相处！

最爱的人不一定会在一起

很喜欢对方，总是会不顾一切想和对方在一起。但是现实环境、经济状况不一定能让两个相爱的人有圆满的期待。这时，放手也是一种爱，选择离开也是一种爱。在这个世界上，有很多人相爱却不一定能在一起，背后的原因错综复杂，只有当事人才理得清。

Bread和现在的女友Maggie在一起几年了，但Maggie知道自己不是男友的最爱。她常常为这件事生气。Bread是有过一次刻骨铭心的爱情，两人在一次出游的路上发生重大车祸，女方意外身亡。后来，Bread认识现任女友

Maggie，她隔三差五就想挖掘男友过去感情分手的原因，何必呢？

如果对方现在选择了你，那么过去的就已经过去，打破沙锅问到底，知悉了原委，对自己又有什么好处？更何况，Bread前女友已经不在这个世界，跟一个影子吃醋，还要追问两人谁在Bread心中最重要，明知道男友会很犹豫，也可能不会说自己，却硬要对方表态，何必？自找罪受。

情人在一起，就是让对方过更好的生活，无论是物质上还是精神上。前女友车祸身亡这件事在Bread心中留下了很深的印记，一辈子都忘不了。一个人有多喜欢对方？有多爱对方？客观条件能不能允许两个人在一起？这些都不是外人可以理解的。

最后Maggie受不了自己不是最爱，执意分手，Bread也只有继续走自己的人生。很多爱情是在最困难的时候显现真谛，结局不一定很美好，Bread曾经有过一段很伤痛的情感，他的爱情观也和一般人不同：爱一个人不一定要拥有，但是当你拥有的时候，一定要好好珍惜。如果Bread的女友Maggie可以懂得这句话，她的问题自然就有了答案，也不会造成分手的遗憾。

爱一个人没错，只怕爱错

Maggie疑神疑鬼是因为她常常觉得Bread心里有别人，而且又禁不住姐妹淘三言两语的煽风点火，让Maggie的心动摇了。

她常常和Bread吵架，吵架的原因，都是一些鸡毛小事，

比如：怎么没有打电话来、怎么迟到了，等等不需要大惊小怪的事情。

有一回，Bread加班忙碌中，Maggie打手机没接，一起逛街的姐妹淘就说："八成是偷吃去了！"Maggie将这句话听进心里，一下就慌了，姐妹淘这句话击中她心中的不安，后来Bread出现，Maggie不分青红皂白，就抓着他莫名大吵一架。

这类的事情一多，Bread也累了，希望彼此拉开距离。当初因为喜欢彼此才在一起，但是在一起之后却出现很大的转变，身份的不同，也决定了相处方式的不同，当初的甜蜜适得其反，让两人关系更紧绷。Bread愈来愈疏离，Maggie也受不了男友的冷漠，主动提了分手。

爱，需要一生去参透，用一辈子身体力行。爱不是占有，你喜欢月亮，不可能把月亮摘下来，放在房间当装饰品，但是只要想欣赏，随时都可以在明净的夜空中找到。爱一个人，可以有另一种方式的拥有。就像是手中的硬币，愈是害怕它掉下去，愈是握紧拳头不肯松开，其实只要把手翻转过来，让手心朝上，松开握紧的拳，硬币仍然在手上。

放下，是一种哲学，也是智慧。在爱情中，随时警戒自己，是不是抓得太紧了？为爱疯狂的人，如同不小心吸食了爱情吗啡，中了爱情的毒药，紧接而来的不安全感、不信任、想要占有……这些因为爱而想抓住的冲动，会不断迫害爱情，直到爱情蒸发了，才发现惨痛。

真爱密码

　　"我爱你，干卿底事？"这是张爱玲的经典名句。爱可以是一个人的事，可以自己完成，可以在一秒钟产生，一秒钟结束，与任何人无关，但是情却是需要一生来完成。

　　谋杀爱情的元凶经常是自己，因为曲解爱情的含义。想要实际长远的两人生活，爱就不能只是爱，不能颠三倒四地乱爱一场。爱情必须落实在家的小单位里，而家的小单位组成了社会的基础，成了社会进步的动力，以及人类延续的衍生。

想要长远恒久的关系，恋人不能不建立以下观念：

1.找个适合的人，比找到爱的人重要。

2.可以找自己爱的人，但不一定是自己最爱的或最爱自己的人。

3.爱需要了解也要开解，需要道歉也要道谢。

4.爱可以浪漫，但不要浪费；可以随时牵手，但不要随便分手。

⑬

漂洋过海才能看到你

Do Not Do
50 Things In Love

　　爱情的想象比现实美丽，有时恋人以为彼此爱得很深，假以时日回头一看，其实爱得很浅、很薄。泛泛的爱情，跑不过时间、斗不过距离、打不过现实……

相信爱情能改变一切？

　　爱情可以改变一个人吗？或许可以。但是为什么要用爱情改变一个人呢？

　　Frank是个浪子，Helen遇见他时是在英国。Helen到英国念书时，Frank是从香港移民到英国的第三代，两人认识后旋即坠入爱河，Helen以为她会在英国与Frank一生相守。

　　但是浪子的个性是不可预料的，Helen以为毕业后Frank会娶她，浪子永远是浪子，Frank并不期望走入婚姻，要Helen先回台湾找到工作稳定生活。就这样，Helen与Frank开始了一段远距离恋情。每隔几个月，不是Frank飞来台湾，就是Helen飞去英国，两人分分合合，Helen曾经想结束这段异地恋，却藕断丝连，放不开也舍不下。

好几次，Helen工作不如意的时候，希望有Frank的安慰，甚或周末假期可以有Frank陪在身边，但是这些都不是Helen可以企望的。Helen也曾经想过到英国工作，但是时机不对、工作难找、加上一个女孩在异地，家人也不放心。

Frank的爱情观是西方的，讲求个人主义，非常在乎独立自主精神，合则来，不合则去，爱情没有对错，没有承诺，也不一定要一张证书……Frank拥有许多吸引Helen的人格特质，但是经过许多年，Helen终于明白，这些特质不是自己想要的，她开始祈望有一个家、一个可以手牵手肩靠肩的伴侣。Frank的爱遥不可及，非但自私也耗尽了她的青春。能令Frank改变的，也许是上帝的爱或者宗教的慈悲，绝对不会是爱情。Helen以为Frank这辈子都不可能被婚姻套牢。

相信爱情可以让一个人改变，是年轻的好处，也是年轻的悲哀。几年后，当Helen与Frank分手以后，Frank竟然结婚了。最不宜结婚的浪子竟然结婚了，Helen感到不可置信，而Frank只是轻轻松松、淡淡地笑说，因为想要结婚时对方刚好出现了！Helen这才彻底崩溃、死心！

不要偏执地去爱

爱会成长，只是成长的方向是开花结果，还是凋零枯萎。Helen的爱刚好是属于后者。因为爱，两个陌生人可以在异地相恋，熟悉地睡在同一张床上；也可以在分手时，感觉异常陌生。爱情将两个人由陌生变成熟悉，又由熟悉变成陌生。最伤感的，是后期的冷淡，曾经爱过你的人，忽然离你很远，悄无声息。Helen的崩溃可以理解。时间曾经证明她的爱情、让她了解爱情，也推翻了她的爱情。她的爱情，不是距离问题，终究来说，只是对方不够爱她而已。

最深最重的爱，必须和时日一起成长，远距恋情不是问题，只是爱不爱而已。Helen随着时间成长，才愈来愈看清自己的感情。Frank说，Helen太好了，他们不能在一起，不是他太坏，而是她太好，这是什么逻辑？爱情真是没有什么道理！Frank纵有千个优点，但他不爱Helen，这就是一个永远无法改变的事实。

一个女人最大的弱点不是牺牲、奉献，而是"偏执地去爱"一个不爱自己的人。Helen偏执守住Frank的感情，周围的家人、朋友都看得很清楚，只有她自己当局者迷，紧紧守住Frank给的诺言。但是当诺言不值钱，还有守住的必要吗？

爱的距离只在两心间

爱情本来就是很残忍的，胜者为王，不懂爱的女人通常输得很惨。Helen的遗憾只是短暂的，失望，未尝不是一种幸福？甩开Frank，她可以开启另外一扇幸福人生。

爱情的远距不重要，只是光是要漂洋过海来看情人，就已经设下了一道难题，谈远距恋爱，心脏要够强、耐力要够用、经济要够好，如果这三者基本项目都没有，可以思考还要不要继续谈下去。爱的距离只在两心之间，地图上的距离不是距离。

远距恋爱，有其浪漫，却不一定像自己幻想的那么好。远距恋爱的头号杀手就是"寂寞"，在你最需要对方陪伴安慰的时候，往往情人都不能在身旁，只能寄相思于电话、短信、MSN中。远距离的恋人比其他情人更容易受流言影响，恋情会因为无法见面常常提心吊胆。光是相思就是一件煎熬的事，容易让两人的恋情陷入危机。异地恋的情人对未来如果没有要在一起的目标与计划，不妨给自己和对方一些机会，多看看身边的人。

真爱密码

远距恋情其实是非常形而上的，大多数的远距恋会破局就是因为太过形而上。

俗话说"近水楼台先得月"，情人要真真切切地手握在一起，有时间相处在一起，才有可能称作"情侣"。远距恋会让感情变得不切实际，形成一种浪漫幻想。对于任何人来说，远距恋都是一种极度危险的考验，以致许多商人忍不住远距的相思之苦与寂寞，加上身边的诱惑，便就地包养了二奶。

如何挽救濒危的远距恋？

1.看清寂寞的根源是什么？是身体的需求，还是心灵的空虚？

2.将心比心，理解对方的心情。远距的一方，往往需要有安心的感觉。

3.远距恋情如果出现第三者，请记得要坦诚。了解发展的程度，看清事实，做出对的抉择。如果已经彼此认定，那么就应该跟异性保持距离。远距恋需要建立在信任的基础上，才能一起跨过这段遥远的障碍。

4.距离产生美感。要维系远距恋，必须有效沟通和真心交流，爱情才能禁得起距离的考验。

和对方的朋友格格不入

Do Not Do
50 Things In Love

他对朋友比对我好，爱情比不过友情？我不喜欢她的姐妹淘，她们只会给她带来坏影响？在恋人心里，朋友是分享，情人是共享？

朋友情人都重要

Rick很在乎他的朋友，凡事都把朋友摆在第一位，他会为朋友着想，尽自己所能地帮朋友的忙。

Flora是Rick的女友，生病时为他买药、工作忙碌时为他洗衣、休假日时为他买便当、做家务……周末好不容易可以约会一起出去，但是Rick接到朋友一通电话，就把Flora丢在一边。Rick重友谊、讲义气，却把女友当成自己的附属品。

对朋友的好和对情人的好，应该是两种不一样的好，朋友和情人很难放在一个天平作比较。当Flora决定不再当Rick的欧巴桑时，Rick才开始改正自己的态度。他开始带Flora和自己的朋友认识，这样，他与Flora在一起的时间也多了。但是Flora并不喜欢那些哥们儿，她与他们格格不入，她尤其讨厌这些人占去Rick大半的时间，两人又再度陷入分手的危机。

感情需要沟通，不满不能越积越多，最后一发不可收拾……Flora必须清楚自己喜欢上的Rick是哪种类型的男生。

在Rick心中，男人的友谊是根深蒂固的，如果今天有约会，只要好友来通电话，他就会把约会延期，即使和女友大吵一架也在所不惜！Rick与哥们儿的友谊直接而又真实，朋友之间有什么不爽和埋怨，两杯黄汤下肚就能一笑泯恩仇，Rick喜欢大器的友谊，朋友与朋友之间的帮助，都是无声的，从不把对朋友的帮助挂在嘴边……这些，都是Flora看不见的。她只在乎Rick有没有时间陪她，可不可以不要跟朋友出去……Flora甚至多次不顾Rick面子，在他朋友前要脾气，这些行径都只是为了要争自己在Rick心目中第一的位置。

爱情是两个人在跳双人舞，需要前进、后退、互相配合。当两人互不谦让，只会结下怨恨与不解。Flora坚持自己最重要，Rick又不可能放弃友谊，两人互不相让，两方都不肯为彼此改变一点点，最后只有各自走上各自的路。

爱不需要比较

Flora听从了自己内心的声音，终于和Rick分手了！分手时，Flora的姐妹淘都叫好！Flora说她很爱Rick，但是爱情抵不过友谊。其实应该这样说，Flora爱上了自己不该爱的那一型。Flora原以为爱可以感化一切，让一切的不可能为可能。最后她想通了，不管有没有Rick，她都一样感到孤单，还不如就自己一个人，省得吵架发脾气，弄得大家都累，都受伤……

爱情总是自私的，恋人总希望达到自己内心对爱情的渴望。有人说，友谊是分享，爱情是共享，前者扩大了两人之间的利益，后者削减了彼此之间的利益。

Flora和Rick都有自己的爱情想象，可惜谁也不肯让谁，情感内耗，彼此伤害，既然无法达成和谐共处的共识，只有分手。

其实Rick可以常常拨个电话给Flora，不让对方胡思乱想，对方也就不会觉得自己受冷落。如果连这么简单的沟通都做不来，爱情是很难维持的。爱情需要维系，透过电话、视频、短信，不必每天见面，但是需要关心彼此的点点滴滴，让两人知道彼此互相信任，对方在心中永远都有重要的地位，这样Flora就不会觉得孤单。

为什么好朋友总是比情人长久？有人说因为好朋友是一生的，情人却有可能随时变成陌生人。这样的想法是负面的、悲观的。想维持住爱情就要用真心灌溉，让爱情比友谊更长久，甚至最好是费尽心思让情人晋升成为家人。

在两性关系里，可以包容，但不要放纵，可以关怀，但不要宠爱。爱是一辈子的事，如果两人是发自内心的关心和照顾，真爱在点点滴滴、一言一行中都能感受得到，这样的情感就无须计较两人在一起的时间长短。爱可以很平实、很坚定，没有华丽的言语，没有哗众取宠的行动，也根本不需要跟任何事情相比，用心去爱就能体会。相信自己，只要有爱，幸福就一定会存在！

真爱密码

人都脱离不了情感，也都需要爱情、亲情和友情。在很多男士的心中，情感的地位优先级如下：家人、妻子、朋友。至于女朋友，只要是还没有进入家庭门槛的那一条界线，是比朋友还不如。当然，并不是全天下所有的男性都是这样想，也有人不把家人朋友放在眼里，女朋友永远第一。

所以如果和情人的朋友格格不入，千万不要灰心，请谨守以下法则：

1.尽量避免与那些朋友接触。

2.找出不喜欢那些朋友的原因，试着从原因当中去看内心的渴望，找出自己渴望的诱因。

3.当情人埋怨对方时，不落井下石，始终态度如一，不搭腔也不表态，让时间来验证朋友对情人的真正价值。

4.对情人始终付出关怀、时间和精神。

5.只要是真爱，爱神绝对站在你这里！

疑神疑鬼大醋坛

Do Not Do
50 Things In Love

只要是女孩，都会喜欢吃醋。吃醋是一种爱的表现，但是如果成天疑神疑鬼成了大醋坛，无缘无故吃醋故意闹情绪，就是再会哄的人也受不了……

有爱才会吃醋

吃醋是一种善意的嫉妒。有爱才会吃醋，因为太在乎，患得患失，就容易吃醋。女人大多是敏感的动物，吃醋是女人特殊表现爱和关心的特色，两性关系中，如果两个人一点醋都不吃，爱情也会显得有些淡而无味。偶尔吃点醋，说不定会让平庸琐碎的情感，增添出美丽风味。

有些情窦初开的女孩，会不时地在心上人面前吃个小醋，这就跟撒娇似的，某种程度上会让男生心花怒放，吃醋好像只是抹了淡妆，但是效果绝对娇艳动人。

女人吃醋没有错，但是不要太常发作。有时候，女孩子的吃醋未必是因为男友的关系，潜意识里也可能藏着自我意识高涨、不服输的性格。

恋人的世界是两小无猜、卿卿我我的世界，总是希望受到彼此的关注，当恋人开始去关注别人的时候，另一方会强烈感受到威胁，潜意识中觉得受到挑衅。女人吃醋，顶多是赌气不跟对方说话，或者霸道、小气、喋喋不休，让情人哄哄就好了。女生天生脆弱，脾气来得快也去得快，很容易被惹生气，也很容易被哄开心。

不只是女人爱吃醋，男人也会吃醋，只是男人的表现方法和女性不同。当男人醋意大发，情况就不一样了，除了有可能发脾气，大多数男人还要面子，表现得一副无所谓的样子，其实非常在乎！一旦男人的醋坛子打翻了，不是只哄就可以解决的。

历史上因为打翻醋坛而引发战争比比皆是，特洛伊战争就是因为斯巴达王后海伦跟特洛伊的王子私奔，斯巴达国王一怒之下，向特洛伊宣战，一场长达十年、旷日持久的战争就此开打。

吃醋的底线

虽然爱吃醋说明了情人很在乎你，但是吃醋是有底线的。Ella不仅爱吃醋，还常常怀疑男友偷吃劈腿，连男友亲妹妹的醋也吃。Ella和男友在一起才不到几个月，时间还不够长，彼此缺乏了解，感情也很脆弱。通常女人的感情比男人深，对感情的信赖度也比男人弱，爱吃醋、爱怀疑又是女人几乎无法医治的天性，往往在感情尚未茁壮以前，就被这些莫名的情绪给折损了。

女人不该无缘无故地吃醋，不分青红皂白乱闹一通，只要男友跟别的女生讲话就不高兴、闹矛盾，无论男友做什么都在猜测中度过，这种情感严重缺乏彼此的信任，根本谈不上快乐，不如分手比较好！女人吃醋要有限度，偶一为之就好，把醋劲变成爱的表现，而不是爱的杀手。

爱要殷勤灌溉

很多情人都会有这种感觉：一开始很甜蜜，看见对方的都是好，做什么事情都想在一起，多一个人在身边，多了一份关心，有事可以两人分担，自己也不再感到孤单。慢慢地，时间久了，看见对方的缺点愈来愈多，优点愈来愈少，觉得多了一个负担，多了一份责任，开始想要逃避。

有人说，经历过爱情的人生才是美好的，禁得起考验的爱情才是深刻的。

有一天，柏拉图问他的老师："什么是爱情？"

老师给柏拉图一个功课：到麦田里，摘一棵全麦田里最大、最金黄的麦穗。但是只能摘一次，并且只可以向前走，不能回头。

柏拉图照着老师的话去做。结果，他两手空空地走出麦田。

老师问他为什么摘不到，他说："因为只能摘一次，又不能走回头路，他曾经看到一棵又大又金黄的麦穗，可是不确定前面是否有更好的，所以没有摘；一直走一直走，走到前面时，发觉总不及之前见到的好，原来麦田里最大、最金黄的麦穗，早就已经错过了，所以，什么也没有摘到。"

老师告诉柏拉图："这就是爱情！"

有人说爱情就像捡石头，要捡到一颗最适合自己的。但是我们如何知道什么时候能够捡到呢？其实，爱情应该像磨石子，捡到一颗自己还算满意却不是那么完美的。然后，好好将已经拥有的这颗石头，磨亮发光。只是要切记：捡到的是水晶，就不可能变成钻石，不要异想天开，要将铁杵磨成黄金。

爱需要殷勤灌溉。如果情人之间懒得讲话、懒得制造惊喜、懒得温柔体贴，怎么不会渐行渐远？有活力的爱情，都是因为努力用心。

真爱密码

只要是人，都逃不过竞争、比较、嫉妒……这些人与人相处的心态与后遗症，无时无刻不进入我们的内心。恋人吃醋是正常的，不吃醋才有问题。就算是兄弟姐妹，也会为了争夺父母的爱而吃醋哭闹。

吃醋代表我的心，吃醋让心上人感到甜蜜，其实女人吃醋就像雷阵雨，来得快去得也快，只要学会不让女人吃醋的有效办法：

1. 多关心对方感受。
2. 断绝和任何其他异性暧昧的往来。
3. 避免和异性朋友单独约会。
4. 公开一切和其他异性的交往，邀请情人参与你的异性社交圈。
5. 让女友与异性朋友相互了解，成为朋友。

16

喜欢言语的刺激和挑衅

Do Not Do
50 Things In Love

　　恋人有说不完的话，但是说出口的话毛病很多，不是肉麻兮兮就是冷血无情。有些时候，还会语中带刺，一不小心就刺破了爱情……

冲动是魔鬼，恶语是利刃

　　恋人在一起，没有不吵架的。争吵时言语的尺度，恋人经常无法拿捏得当。本来只是沟通小事，却可能因为语言的使用不当，导致分手。

　　Cindy是个很有个性的女孩，她长得很讨喜，人见人爱。Mark是她的男友，最让Mark难受的，是Cindy讲话的态度和语气，Cindy有时候非常绝情，经常伤了Mark的自尊心，而且，最糟的是，Cindy老喜欢用威胁的口吻说："我知道你已经不爱我了，那么我们就到此结束，谢谢，再见！"转头就走，完全不让Mark有解释转圜的余地，搞得Mark常心情低落，内心受伤。谈场恋爱，光是吵架就让Mark的心千疮百孔。

分手后，Cindy还是忍不住拨了电话给男友，Mark接了电话后，Cindy却忽然不知道要说什么，这时候才明白，她只是想听听电话那头熟悉的声音。真正爱一个人时，对方是自己心房中的一根弦，随时撩拨自己的心。Cindy还是爱着Mark，却不知道要如何复合。

情人闹脾气、吵架可以，千万不要冲动，说出不该说的伤人言语。冲动是魔鬼，经常被情绪驾驭着，一旦话出口，覆水难收。情人拌嘴总喜欢将"我们真的不适合"挂在嘴边，这句话讲久了，最后是有可能成真的！

男女吵架，最忌讳数落对方缺点，一针见血刺到痛处。最好学会吵架前先学着调整心态，对方说什么都当成空气，不还口、不相应，一个巴掌拍不响，对方没辄，随着时间分分秒秒过去，也就冷静下来、心平气和。

言语是利刃，两面会伤人。筱丽被男友刺杀20刀身亡，引发杀身之祸的动机，只是她嘲笑男友"没用"。筱丽的男友在俯首认罪时痛哭，他气她要分手、说狠话，一时失去理智才会失手杀人。

爱会让人发癫发狂，分手一定会痛，只是有些人痛几天，有些人痛几年，有些人痛一辈子。在这一生，要牢记和要忘记的东西一样多，有些事情必须忘记，忘记痛苦，忘记最爱的人对你的伤害，不要让犀利的言语留存在彼此身体细胞里，形成负面的回忆。恋人一定期待，彼此留存的记忆是美好的，残酷的言语、挑衅的刺激，不但摧毁爱情，还会伤害身体，危及生命！

大方的表现可以化解冲突

爱情总是想象中的比现实中的美丽。恋人有时候会因为一句话不合而轻易分手。爱情得来不易，不要轻言放弃，恋人在接受对方的时候，不仅仅要接受对方的好，也要接受对方的坏。有缺点，试着慢慢调整，不要到失去的时候才后悔。

爱是需要包容的。面对情人失控的情绪，你只需做到微笑和理性，就足以应对。不要生对方的气，要在情人面前表现得大方些。如果失控的一方是自己，那么请切记：先离开当下，让自己的情绪缓解，这样可以有时间仔细思考为何如此生气，找出理由，用合情合理的态度去沟通。

忍一时风平浪静，退一步海阔天空，没有什么事情非在当下解决不可，除非危及性命。

Wed从不跟女友生气，最气就是女友是个工作狂，老是会忘记吃饭。两人在一起，女友没胃口，不想吃饭时，Wed会一边大声骂，却又一边往碗里夹她最喜欢的菜。Wed的出发点出于真心相爱，就算发飙骂人，这样的他在女友的眼里，也是非常温柔。

世上有很多东西是可以挽回的，损失的金钱再赚就有了、过胖的身材减减肥就瘦了、穿破的衣服可以缝补……不可挽回的东西也很多，就像消逝的感觉、年轻的岁月、说过的狠话……

爱一个人就好好去爱，宁愿多说好话照顾恋情，都比放话刺痛情人来得划算！满足言语上及听觉上的需求，可以解决恋人很多问题。若真的喜欢对方，何不调整自己，让两人一起共创专属于恋人的爱的语言！

真爱密码

大多数女性是尖牙利嘴，骂人非常溜，吵架非常凶。

女性好像麻雀，天生就爱唧唧喳喳，说天道地，练就了好口才。但是，这种天赋如果用在不对的地方，伤害力就非常强大。尤其语中带刺，更要不得。

情人间与其用言语刺激，不如用甜言蜜语关心。情人之间，没有什么不能说，再肉麻的话听起来都很窝心。如何从吵架转换成爱的言语，必胜秘诀三句：

1. "我知道错了，从现在开始，我只对你一个人好，我只会宠你，不会骗你。"

2. "答应你的每件事情，我都要做到，跟你讲的每一句话，都要发自真心。"

3. "你开心时，我陪你开心；你不开心时，我哄你开心。"

说完之后，切记要身体力行，否则将引发更多不快的言语！

⑰

踩到对方地雷
Do Not Do
50 Things In Love

强求的感情不美，强摘的果实不甜！爱情必须"顺其自然"地发展，但是如果摸不清楚对方个性，一脚踩到了对方禁区，引爆地雷，爱情还没开花就凋谢了……

莫名出局

惠宇是一家广告公司的女主管，她很独立、心地善良又温柔体贴、有主见但是不强势，有气质又不肤浅，可以说是男生应该很喜欢的那一型。但是年过四十大关的惠宇一直没有人追，家人认为她太忙于工作，四处托人为她相亲。

那天，惠宇接受了长辈的安排，来到一家气氛极佳的西餐厅用餐，两人相谈甚欢，男子风度翩翩，也是一家广告公司的高级主管，有许多话题可聊。言谈中，惠宇感觉到对方聪明又伶俐，内心倍感珍惜，跟这样一个有话可聊、无论工作或是生活都可以相互沟通的人在一起，似乎很舒服。两人就在相谈甚欢之中，结束了晚上愉快的约会。

用餐完毕，男子起身要付账，却见惠宇冲去服务台抢先刷了信用卡。这一动作让男子错愕，在惠宇面前当场矮了一截。

事后，惠宇才知道，对方不喜欢女人凡事依赖做寄生虫，但是也不喜欢女生强势抢着买单。男方和朋友说，跟惠宇在一起比较像在工作而不是男女朋友。惠宇"女性精英"的行头让他倍感压力，举手投足间好像老板，连账单都抢去付。他需要一个小鸟依人温柔的女孩陪伴，不是一个工作伙伴。所以惠宇在不明究理的情况下就被三振出局。

其实惠宇的内心是很小鸟依人的，只不过被工作光环遮掩了这个部分。她的内心很惋惜失去了这样一个好机会，要找到一个谈得来的伴侣不容易。感情还没进入稳定关系，就踩到了对方的地雷，惠宇也只好认了，只好看看未来有无机缘再发展。

人生很多时候要自觉地放弃，当对方兴起排斥的心理，强求只会让事情更糟，放弃的时候，也许又重新获得也说不定！

将计就计

踩到对方的地雷区该怎么办？

类似惠宇的情形，小芳就显得灵活得多。听完惠宇的故事，她心生一计："你就再约他一次，这回说有事请教，最后表达你的想法嘛！"小芳给足惠宇信心，要惠宇勇敢说出自己的想法：因为是独立女性，经济上独立，个性也独立，那天付账单是因为觉得"花自己的钱才舒坦"，这回可以让男方请客。这招将计就计，顺着男方的毛摸，果然有效，惠宇与男方果然顺利约会交往。

爱一个人要了解，什么是对方想要的。爱对方的好，也爱对方的不好，不能因为爱，就要对方变成自己想要的样子。

Tina的男友，总是喜欢捉弄Tina。玩笑可以开，但是开过头了反而会让情人反目。之前男友开的玩笑不外乎是嫌她看起来老、胖，Tina总觉得打是情、骂是爱，但是男友这种负面性言词的玩笑，让Tina感觉不很舒服。

那天男友又开更过分的玩笑："你看看你，那两粒都要掉出来了……"

Tina不解，用怀疑的眼神看男友，男友一脸捉弄促狭的表情："那两粒大仙桃啊，快要掉出来了……"其实Tina胸部是标准的"飞机场"，她一向很在乎自己的胸部，却不料被男友讽刺，还当众开玩笑，其他人也因为这黄腔猛盯着Tina的胸部看，简直……太不尊重女友了。

爱情可以折射出一个人的灵魂。如果一个人对爱情的态度是轻浮的，他对女友的表现就是轻浮的，像这种不把女友自尊心当一回事的人，把女友缺点当话题消费的人，不只没有良心，只想问他居心何在，不如忍痛把他的资格取消！

Richer与男友同居一段时间了，两人的性关系一直不错，直到Richer发现自己得了皮肤癌，男友不关心她，反而对她说："我看到你的皮肤就没有感觉……"这句话或许出自男方真正的想法，但是不应该说出口，尤其对一个生病的女友来说，简直是双重打击。Richer随后搬离两人同居的房子，爱情只有在最艰苦的时候才看得出真情。

恋人在爱情中不要麻痹自己、不要欺骗自己、不要听任感情的需求，受感情的支配委屈自己。两性关系也不能太迷糊，很多时候，踩到对方地雷不只是一种不尊重的表现，还是一种不敬业的态度——当情人至少也该摸清楚对方的喜恶。

爱情应该有责任，进入稳定关系中的两人，有许多话反而不能讲，讲了就踩到对方的地雷，摸清楚对方最敏感、最不可碰触的区域，才能确保两人爱的进行曲顺顺利利！

真爱密码

俗话说，要掌握一个男人的心，就要掌握他的胃。此胃非彼胃，意思是顺着对方的毛摸。知道他在意什么、喜欢什么、希望什么……避免去阻碍什么，尤其，不要去踩踏对方的禁区。

禁区通常有地雷，踩到后恋情马上粉身碎骨。但是地雷也有通则，掌握人性就可以将一般的地雷清除，剩下的地雷只是依据个人特色而有所不同，需要仔细深入的了解与掌握。

以下是一般人都会出现的地雷警戒区：

1. 吵架时得理不饶人。

2. 不论男女，只要是人，都不喜欢被比较。

3. 不要在公众场合不给人家面子。

4. 喜欢公开批评对方家人。

5. 破坏情人名誉。

花心劈腿的爱情玩家

Do Not Do
50 Things In Love

爱情好像甜蜜又可口，实际上却可能没有营养，还会让自己蛀牙。有些恋情无益身心，有些男人不如不要！

远离坏男人

没有男人会承认自己花心。花心的男人总是说，不是他们造成的，是环境，是诱惑，是气氛……好像他们花心是被陷害是被冤枉，永远把错误归给别人。对他们来说，花心是天生个性造成，不是他们不专情，是这样吗？除了怪罪个性，花心男还会扭转事实真相：都是对方爱慕，不是自己放电。

花心男有一种病，自以为是许多视线的焦点，非常享受爱戴被注目的生活。身边有许多情人，是一种成就的证明，面对这么美好的感觉，花心男怎么会轻意放弃呢？所以，聪明的女性要睁大眼睛，远离这种坏男人，花心男多半是不会改变的。

　　Sherry的美貌出众，只是远远地看着就很赏心悦目了！男友虽然也很帅，但是知名度不如Sherry高，男方费尽心思虏获美人心，与Sherry成为男女朋友之后，因为Sherry的知名度，身份也跟着水涨船高，很快地被媒体捧红，让自己变成大众情人。

　　Sherry发现了男友的花心很伤心，Sherry是那种一旦恋爱就要成功的女孩，如果不成功就要赶紧处理。在两人的恋情快要走到绝境之前，Sherry以非常有礼貌的方式把对方给甩了，丝毫无伤地优雅分手。

　　其实分手没有不伤的，只是贪心的男人不能要。Sherry选择的爱人，是要真诚对待她的。满口谎言的男人，尽管再英俊、再有钱，也只能活在爱慕他的女孩群里！除非Sherry也想游戏人间，否则实在没有必要浪费青春和对方瞎混。

爱情中千万不要瞎的50件事

爱错男人，辛苦一辈子

都说男人不坏，女人不爱，但是爱错男人，是要辛苦一辈子的。不要为了谈恋爱而谈恋爱，不要为了结婚而结婚。换句话说，也不要为了年纪到了而一定要爱。

Mickey就是怕嫁不出去而草草选了一个男人爱。对方衣来伸手、饭来张口，原本还有工作做，后来干脆游手好闲靠Mickey努力养家，依赖她的收入活口。

Mickey以为自己好不容易找到的恋情，是上天赐给她的礼物，没想到却是灾难一场。爱上了一个混蛋男人，会辛苦一辈子。两人在一起不到一年，Mickey仿佛老了十来岁。

朋友都劝Mickey离开男友，但是随着青春老去、依赖感愈重，Mickey没有本钱再去认识其他人了。Mickey把爱情放在第一位，把对方当成自己唯一的信仰，整个生活重心都向着对方，失去了平衡！爱情不是生命的全部，失去了面对自己的勇气，以及坚强面对未来的力量，Mickey也愈来愈消沉。

Mickey原本是个带点傻气又乐观的女孩，谈恋爱后也曾经散发光亮，但是随着感情降温，男友开始耍无赖，Mickey也显得沉重，内心有负担，但她依然痴心。

男友手机经常无端地出现许多让Mickey无法忍受的小美眉发来的短信，男友说只是发些小笑话，但是每天看久了，笑话讲多了，很难彼此不产生好感。Mickey为此和男友吵了好几次，却仍然被男友的花言巧语说服。

Mickey说再花心的男人总有自己的挚爱，男友的挚爱就是她，男友花心只是因为怕受伤害。明明男友是个劈腿又花心的烂情人，Mickey却因为不想分手而处处帮他找借口，总是愿意给他机会，为对方脱罪。

爱情最怕逃避。爱情里可以原谅，却不应该逃避问题。女人要给自己好日子过，就不要逃避问题，不要自我贬值。如果对方根本没有把你放在眼里，你又何必苦苦追求不属于自己的幸福！成熟、勇敢、坚强，面对自己的爱情，面对人生，面对生命中的苦难，感谢周遭的美好，想想家人，想想朋友，没有爱情，生命也可以活得很精彩！

爱情中千万不要做的50件事

真爱密码

　　花心男有可以花心的条件与优势，所以才敢嚣张放肆，只要击破这些优势，自然自己更胜一筹。但是要击破优势之前，得自己要具备够强的武器与条件，如此才能匹敌，操有胜算，否则战败会更难受、难堪。

　　花心男对爱不够真诚，怀着骑驴找马的心态。花心男是不懂珍惜感情的人，不用诅咒，不要谴责。要，就与之迎面相战，迎战就要自己赢，否则就请远离，远离时请做到无爱无恨亦无情！

遇到花心男保护自己守则：

　　1.自己开心最重要。

　　2.是你的，终究是你的，不是你的，求也求不来，千万别委屈。

　　3.追求爱情的心，谁都可以有，多给自己一些机会。

　　4.把心放宽，把爱放大，世界这么广，男人这么多，一定有适合自己的。

19

好好先生、随便小姐

Do Not Do
50 Things In Love

当一个人成熟有历练，很多事情就会变得有己见！有人总是成全别人，自己的幸福却没人成全？有人总是轻易付出，最后却没人感谢她的付出？

都是自找的

情场中有许多老狐狸，看准了人性当中的情爱弱点，利用爱情伺机下手，欺骗没爱情经验的生手，这些小绵羊很容易成为牺牲品，弄得人财两失。当一个人历经了生活的沧桑，对事情会开始有自己的见解，对许多事情也会开始有所矜持。恋人必须明白，当一个好好先生只会被吃死，当一个随便小姐只会不受尊重。任何感情关系都是共生共荣的，没有人应该在爱情中受虐。

Peter再也不相信爱情了。他说爱情就像诈骗集团，把他榨得一干二净！Peter是一家竹科的工程师，平常工作忙碌，几乎没有时间交女朋友。他从交友网站认识一个美眉，对方花言巧语把他骗得晕头转向，害他损失惨重，差点还被仙人跳！并不是所有网友都是骗子，不可信任，好好先生Peter应该动动脑袋，对方说的话是不是合情合理，两人是否有深入交往，多认识对方的背景，如果没有，就不应该汇款给对方，更应该及时刹车，敬谢不敏，以免中了圈套！

一个人的不幸，常常是自找的；一个人的幸福，也是自己选择的。心灵大师奥修说："一个人，如果习惯于自虐或受虐，精神上的不幸会变成常态，而且他虐待自己的方法，会越来越有效率。"好好先生和随便小姐，或多或少都有自虐倾向，他们习惯受苦，因受苦而自己发光，这是他们感觉生命意义的来源。

Pink习惯买二手家具，其实她已经有实力自己买名牌家具了，却还是喜欢捡便宜。男友不解她为何这样喜欢二手货，刚开始以为她是为了节俭，后来才知道，她是什么东西都喜欢二手货，她从小"习惯"了捡人家用过的东西。

这样的心理状态跟着她长大成人，买任何东西，都喜欢买别人用过的！使用二手货当然是好事一桩，不浪费社会资源，又可以省钱，重点是，Pink的二手心态，让男友觉得"很随便"，她不在乎自己需不需要这些东西、质量好不好，完全没有自己的想法，最后连男友都怀疑自己在她心中是二手的。

一位美国知名的心理学家从事爱情诊疗多年后说："一个人如果能够学会选择，人生处处有光亮。"命运对待大家并不苛刻，只是有些人选错了。

爱情中没有受害者

Lily爱了一个人整整十年。十年当中，Lily的付出比山高，比海深，到头来她什么都没有得到。为何好心没有好报，十年一觉爱情梦？回想十年前刻骨铭心的爱情，如今只是一场空！Lily如同行尸走肉，曾经以为没有对方自己就活

不下去，但是日子一天天过去，原来时间会治愈伤口，时间久了，很多事情就渐渐不那么痛了。

当爱情远离，情人分手，受伤者总会滔滔不绝，诉说自己对爱情的付出，觉得世界对不起自己。Lily当然也认为自己是爱情里的"受害者"，唯有找出一个让自己不伤心的理由，才得以平衡受创的内心！

爱情中没有对错，有的只是时间不对、人选得不对。爱情中没有好人坏人，付出要看值不值得，应不应该。爱情是互相的，没有谁应该牺牲，谁应该委屈，谁应该为谁当牛做马。只有选择，选择出适合自己的那个人。

爱情当中有一点矜持是好的。不要因为爱就不顾一切。看看对方是个什么样的人，找出个人观点，再询问周边的亲友，花一些时间认识对方，在遇到王子之前，就算要学会去亲吻许多青蛙，都是可以接受的考验！

爱情中千万不要做的50件事

真爱密码

什么都好说话的人会让人在他头上撒尿。人要为自己的主权树立招牌，每件事情都有最低可容忍的范围与限度。好好先生、随便小姐如果被人欺负请不要发出怨言，因为是自己愿意受人欺负。不想被欺负，就勇于表达自己立场，找出围篱、避免别人入侵。

好好先生与随便小姐经常会吃感情的闷亏，这是因为被人看透了，任意被人欺负。就算是本性高尚，自诩清廉，待人处世圆融，对事情的准则也要有方有寸，尤其感情，不能放任随意让人糟蹋。

好人谨守法则：

1.感情要理智对待，能做到收放自如最好。

2.很多男人宁愿放弃很爱自己的女生，要去追那些习胃口的；很多女人宁愿放弃对自己好的男生，而要倒贴那种不负责任的。

3.矜持是一种手段，爱情需要用心评断。

4.学会保护自己，就要学会做对选择！

㉒

太过主动或非常被动

工作、爱情、婚姻是人生三大课题，如果有人说自己对爱情免疫，绝对是借口。恋爱主动被动都可以，眼看四方，耳听八方，刚刚好就好⋯⋯

跳出框框

谈恋爱是主动好还是被动好？有些男生喜欢被动，因为被动感觉像悬疑小说，神秘且刺激，主动太容易知道结果；但是有些男生一定要主动，要让自己处于先锋掌有主权，按自己的想法走；有些女生本来就外向、积极，凡事喜欢主动出击；但是有些女生，天性胆小害羞、要她们追男生简直不可能⋯⋯其实主动、被动各有好处，要依对方性格而定。

自古以来，"男追女"天经地义，这种模式已经定型为传统社会的价值与两性之间的交往模式。但是在新兴世纪，"追"已经是个过时又俗套的老掉牙用词，不但不利两性交往的思考逻辑，两性之间也早就没有什么主动被动。两性是平等的，既然想触探爱情的可能，谁主动谁被动又有什么关系？跳出框框，两性可以创造更好的恋爱新规则。

不用追，那用什么？答案是"拍拖"！现在最流行的招数。呃，的确，拍拖是有点辛苦，但是如果不经过拍拖互动，让两人相处一段时间，探触对方的动向、心态、想法，贸然摊牌，很容易get out！很多男生都吃过主动表白的苦，那些太早"说出来"的后果，下场经常都很凄惨。

恋人还弄不清楚彼此状况时，不妨先等段时间，看看对方反应，再决定自己要不要投入，而且投入到什么程度。

Ivy与Luke在网络相遇，两人透过网络交谈，有一段很甜蜜的虚拟恋爱。每天晚上，两人会固定上聊天室，分享生活点滴，当然时日久了，默契多了，两人也会触碰爱情话题。好像终于决定要见面了，Ivy却开始畏惧：万一是网络骗局怎么办？万一让对方留下不好的印象怎么办？Luke很轻松地说："顺其自然吧，从朋友开始做起。"于是两人碰面。

只可惜，见面之后再也没有后续，后来再进网络聊天室，Ivy总是以忙碌为由——究竟是真忙，还是对Luke没兴趣，叫人猜疑。Luke从来就不是主动型的男生，但是为了明白Ivy的心态，他鼓足勇气约了第二次见面，Ivy推托刚好有事。从此以后，Luke改变态度，不再示好，进聊天室的次数愈来愈少了。拍拖探测，至少不会让自己陷入伤害。

爱情是愿者上钩的游戏，对于不愿者，千万不要白花力气。如果对方一直表现出暧昧不明的样子，可能是还有别的考虑，甚至可能有一些暂时难以解决的问题，包括感情、金钱……如果不确定，可以给对方一点喘息的空间，问出原因，用一种比较理智的方式来善待自己。不过基本上，如果对方不够主动积极，很可能是他对你没有兴趣。

主动追求不好，被动等人追又不太可能。先透过拍拖、挑逗、引诱，为两人制造更多的"暧昧关系"是最好的方式。只要是人，都容易被这种"似有若无"的方式所吸引！

　　拍拖的基本定义就是，时冷时热，自始至终保持一个完全模糊的暧昧状态。对方好像感觉你似乎有意思，但也不确定，而且又没有什么真正凭据，说不出个所以然，只好一颗心悬在身上。等到对方因为这种不确定性产生焦虑与张力，到达快要抓狂的状态，甚至会日夜想念，试图要了解到底两人在搞什么。这时，抓好时机表白，成功概率百分之百！（当然，如果不是要追人家，请勿搞"拍拖"，如果恶意拍拖，那叫"调情"，完全是虚情假意。）

　　喜欢一个人，就会不停想着对方，当对方没事就想着你的时候，其实已经渐渐喜欢上了你。不管男生女生，其实都喜欢搞暧昧，愈是不表态，愈是抓着心，愈是想要把对方给"搞定"！

恋爱需要经验

　　拍拖也有不成功的时候。有时候心怎么想，怎么去做就对了，不要想太多，恋爱其实也很简单，想太多会太累人！

　　Eddie念书时，追班上一个同学，常常陪她看电影、吃饭、回家，贴心问候没少过，在别人眼中几乎是男女朋友了，这种情况"几乎"维持了两年……直到有一天，女孩告诉Eddie自己有了男友。Eddie才知道，女孩等他告白等了两年，已经失去耐性，所以接受别的男孩告白。Eddie这种拍拖也太久了！

　　爱要说出来，爱必须清楚、明确、大胆表露。虽然不要太快就摊牌，但是要适时适度找机会示爱。到餐厅吃饭，如果一直看Menu不点餐，服务生永远不会把餐送上来，只能饿肚子、生闷气，看着别人吃饱饱。

　　恋爱能成功是正确心态加上方法加上经验。一个很渴望爱情的男人，可能会因为曾经受到伤害，对于愈爱的人愈不敢积极表白。其实男生只要勇气够、内涵有、口袋厚，提升自身条件，心态对、方法正确、吸取经验，再加上个人特质，这样的优质男生，女生很少不爱的。

真爱密码

　　还看不清感情的时候，请不要轻易付出。还不明白一个人的底细，请不要轻易相信对方。爱情需要时间验证，来感受别人对你的好与不好。这种事情急不得，就是要耐心等待。主动出击与被动领受，都只是去了解对方的一种方法。没有好或不好，只有适不适合。

　　在感情的世界里不用分主动被动，情人只要愿意两个人一起解决一些问题，一起经历过一些事，感情自然会亲密互动起来，忘记是你开始还是我开始的。

喜欢一个人，有三种表达方式：

　　1.怕被拒绝受到打击，未战先弃，成功概率是零。
　　2.直接表白，不清楚局势，成功概率大大减少。
　　3.找机会先认识，时机"成熟"时再表白，成功概率一半以上。

唱衰爱情指数
60%

Part 03
爱情需要和性格沟通

爱情的精彩在于它的动人，爱情的平淡在于故事俗套。一段爱情吸引人的地方不是情节，而是双方的性格。性格即命运，爱情是性格的展现和领悟，唯有如此，爱情才是许多方式和可能性……

Do Not Do
50 Things In Love

21–30

女人最需要的是
在心中腾出一个空间
留给自己！

Girl,
Be
Happy……

㉑

老喜欢亏对方

Do Not Do
50 Things In Love

人是不服输的动物，没有人喜欢自己被亏！爱情万能，亏损情人万万不能，圆满恋情中不可能有一方总是主导，一味独霸……

心有不满会抱怨

Jack很喜欢嘲笑情人。他嘲笑情人的方式，是用一种损人的方式。比如，Jack不喜欢女友今天的穿着，他就会说："你今天穿得很没品！"

又或者Jack的女友喜欢买高跟鞋，穿起来姿态撩人优雅又有女人味，Jack却会说："高跟鞋让你的屁股赘肉摆来摆去的，看起来很像两坨屎。"面对Jack的挖苦与嘲笑，女友气在心底，刚开始以为他只是说说好玩，久了却觉得Jack是恶言中伤，女友的打扮讨好不了Jack，反而被损得一无是处。

爱亏人的心态很明显，就是内心有所不满又无处抒发。Jack不满什么呢？

他不满女友穿得亮丽，女友穿着其实很有味道，他硬要说成跟槟榔西施一样。女友穿着注重合身有型，牛仔裤显现身材曲线，他就硬要说成是卖弄风骚。

Jack的女友不是那种内向乖乖牌，她懂得展现自己、散发女人光彩与自信，站在众人当中显得相当闪耀。但是Jack不知道是抱持着怎样的心态，他喜欢女友出众，却又讨厌女友出众，只要女友出糗，他就幸灾乐祸，这是基于什么样的心理？

其实，当初Jack就是用亏妹的方式赢得女友的青睐，不然在众多苍蝇间，哪里轮得到他的存在？当初别人都是捧着这个女孩，只有Jack用嘲笑奇招正中女友下怀。只是，追到手的女友，应该是要好好善待，Jack却是嘲弄、讽刺、挖苦……从之前的调侃玩笑，到后来像是"贱人""浑蛋"的用语都出来了。

无论是谁，面对别人的嘲笑一定会气愤，有时会情绪失控。当女友失控时，Jack也生气，两人甚至从言语暴力演变到肢体暴力，扭打成一团。Jack随意对女友发泄不满，等于是自动酝酿了一股怒火，焚烧爱情。

多年以后，Jack再碰到女友，女友对他以前说的话几乎完全没有印象了，她已经走出阴霾。当她终于明白，Jack只是想要占有她，向其他男性夸耀，并不是真正疼惜她、爱她，让她毅然决然分手。女友淡淡地感谢Jack，因为再怎么说，没有那些的语言刺激与肢体伤害，她不会拥有今天受经磨炼后的心志，让自己坚强的勇气。但是走这一遭，的确是辛苦又不值，幸好她没有冲动嫁给Jack。

损人是一种语言暴力，尤其长达多年的时间被嘲笑，累积的负面情绪与能量，会让人严重忧郁、丧失自信，Jack的女友

还能用微笑面对，内心花了一段时间调整，包括重建自信心与意志力。

爱是心头的一阵心酸？

情人应该是冬天的一盆暖炉，爱情应该是心头的一阵暖流。但是Jack的女友却感到一阵心酸。当爱情来临时，总是让人晕眩无法自拔，但并非每一段感情都是美丽的。事实上，一半以上的爱情都不如意，尤其是那种刚开始像旋风般的激烈追求，热烈示好，两人快速陷入爱河的恋情，因为彼此没有足够的时间认识，很容易忽略对方的行为偏差。

恋人如果不是可以扶持你的人，至少，不该是绊倒你的人。曾经有过被情人绊倒的经验，都会知道谈感情应该小心点，注意下一次的对象，以免自己跌得更深。有些关系是需要远离的，如果情人常有莫名激烈的情绪转折，言语从关怀、温柔变成尖酸、凶暴，或是情绪的波动完全无法预期……不难推断，热情如火的伴侣可能哪天莫名其妙变成施暴者。

爱情中的欺骗、亏损、蔑视、讽刺都是不正常的。恋人在爱情中很难保持谨慎心态，但至少要高度警惕：先过滤对方的人品、性格，再来谈爱不爱的问题，这是对自己的基本保护措施。

喜欢损人的情人，常常是喜欢怪罪、喜欢主宰、喜欢独霸的人。这种情人只会处处指责对方，仿佛只有自己的感受才是重要，对伴侣的痛苦漠不关心，常常泼对方冷水、贬损，习惯打击对方，轻则言语伤害，重则可能发生肢体暴力。

爱需要同理心。如果不在乎对方是否过得好，无动于衷、麻木不仁，要这样的情人有何用？不如让自己一个人逍遥自在，平静生活！

真爱密码

嘲笑和玩笑不同，嘲笑其实是对自己也是对别人的不尊重。喜欢嘲笑别人的人，自己心底一定曾经受过嘲笑的创伤，于是以其人之道，还治其人之身。嘲笑本身就是攻击的一环，算是武器之列，情人的嘲笑，得分清楚到底是玩笑还是恶意？

如果只是玩笑，笑一笑十年少，情人打情骂俏无可厚非。但是如果当玩笑变成斥责或恶劣的行径，就不好笑了。

嘲笑别人，正暴露了自己的缺点。爱损人的人，恐怕连自己都看不清。恋人可以接受别人说出自己的缺点，但要勇于拒绝：

1.讽刺、嘲笑、蔑视、攻击性的言语。

2.有些看似赞美，实际上却是不明显的痛斥，字字见血，这种高明讽刺术更要拒绝。

3.自以为是的人。

22

把对方当成提款机

恋人爱来爱去，总脱离不了现实生活的金钱开销。金钱可载舟，也可覆舟。毕竟，在扑朔迷离的爱情里，愿意当挣钱机器的人总是少数……

买单的男人就是好男人 = 男人就是提款机?

按照某些女性逻辑，会买单的男人就是好男人，找一张"长期饭票"应对经济不景气是最经济实惠的策略。但是从男人的角度看来，愿意当"赚钱机器"的人毕竟是少数，没有人会心甘情愿地让女人肆无忌惮地花钱还乐此不疲，伸手要钱，只会把感情搞成金钱交易，自己到底是亏了还是赚了，得到的多还是失去的多。总之，以金钱为目的的感情，多半维持不了多久。

Jane自以为吊了一个凯子，总是无限制地吃他的、喝他的，买名牌包、名牌服饰，刚开始衣来伸手，饭来张口，两人甜甜蜜蜜，她的女性朋友恭喜她找了个"无限提款机"。哪想到恩爱才没多久，男友提出"钱债肉偿"，要求她配合无厘头似的性爱，Jane起初还不以为意，没想到男友经常拿他们私密的情事，在其他男性朋友前面炫耀，让Jane在他的男性朋友面前抬不起头来。

没想到在一起久了，新鲜感没了，男友不但不给钱，还变本加厉，性爱变成性虐待。有一回她被打得鼻青脸肿，只得验伤诉求法律途径寻求分手。想想真不划算，得了一时的钱财，失去的却更多，尤其内心的创伤不是短时间可以止痛，家人的担心更不在话下。

在爱情里，如果没有互相尊重，绝对无法继续下去。得到彼此相互尊重的基础，第一个先决条件就是得"经济独立"。不管女性赚钱的能力高低，支出金额大小的能力高低，只要表现得体，适时礼尚往来，男人就会心甘情愿为女生付出更多。会买单的男人未必是好男人，提款机也可能有故障失效的时候。

恋爱成本怎么评估

现在人谈爱情，不是愈来愈精打细算，就是愈来愈不切实际。两性之间有时候会太低估恋爱成本，其实不妨冷静下来思考一下：

有人谈恋爱一定要有车子，嫌坐机车会搞乱发型，风吹日晒，皮肤不白，况且雨天要穿雨衣，穿裙子更不方便跨坐……但是，有没有想过买一台车要付出多少代价？养一辆再破的车，如果要分期付款，油钱、维修保养费、停车费、燃料税、牌照税，一个月至少也要15000元（台币），假设一个人月薪6万元，也得占收入的25%才做得到。如果有辆烂车也好，只是为了温馨接送情，到底谁该投资？

其实在爱情当中，身为爱计较、很小气的一方，不外乎是出自两个原因：一个原因是财务吃紧，自身难保，这得深入去了解对方财务状况；另一个原因就是即使手头宽裕，也不愿被对方当成提款机。

大多数男人的想法跟女人不同，男人潜意识比较会理性经营感情，认为男女负责不同工作，大多数男人都会把赚钱视为己任，把撒娇当成女性天职。但是也有女强人愿意随意支配金钱给男人，碰到感情，再精明的女强人也会头晕，失去判断能力。

很多精明的女人一遇到感情就变成傻瓜，其实以金钱去讨对方欢心的做法，多半只会换来一种结果：缺钱开口，拿钱闪人，没钱又来……这种分分合合的烂戏码，连续剧中看得都要麻痹了，但是恋爱中的人却可能执迷不悟，直到自己被骗到一无所有……聪明的你一定要看清楚：不断地付出，不断被伤害，这是爱情吗？不给钱就表示对方不爱自己，爱情怎么可能是这样呢？

受资本主义物质至上的价值观影响，很多人看不上没钱、没车、没房的对象。男女交往，如果只要好处、不要责任，这就是贪婪的表现。没有感情，遑论真正的爱情？在爱情中，因为金钱而玩完的恋人情侣，随时都在诞生。每个恋爱的梦幻想象，始于梦想跃入上流社会，终于发现自己只是平常百姓家。

John在恋爱前，身上总带着大沓千元钞当零用钱，出门开名贵高级跑车代步，出手阔绰大方，送女友花、卡片、小礼物不算，还送名牌包、名牌表、名牌服等价值不菲的东西，完全满足女友的虚荣，只为赢得芳心。

好不容易两人修成正果，迈入地毯的那一端，女方这才发现：John的卡债欠了几百万元！很多如愿以偿的饭票可能是大地雷，谈恋爱的你千万不要一时昏头，以为自己飞上枝头。

爱情不是交易

谈钱很难不伤感情，尤其恋爱的时候，两个人很多东西都会合在一起，包括身体与灵魂，更难去计较钱怎么算。在爱情中，真心诚意地付出金钱，才不会出现严重的弊端。爱情中的金钱交流难免被画上交易的符号。奉劝有情男女：小心金钱背后的意图。

其实男人的情感一般不经常外露，他们的克制力比女人要强得多，当你触动他内心的最深处，他们会情不由衷地表露出来，给予深爱的女人她最想要的！所以不需要自己开口，让对方发自内心愿意主动送礼或金钱协助，这才是爱情中的独门秘籍。而女人经济独立的最大好处，是生活、行动都可以不受别人支配，还能够尽情追求梦想。万一遇人不淑，碰到负心汉时，也有能力离开，但女人千万不要因为拥有赚钱的能力，就不把男人放在眼里，这样反而得不到爱情。

爱情中的男女，不妨互相衡量彼此赚钱的能力，设定分摊约会费用，大金额的花费可询问对方意见，互相约定支出原则。至于咖啡、蛋糕等小钱，真的不需斤斤计较，变成铁公鸡或小气鬼。

想要维持幸福，最好是两人都拥有经济能力，还能保留彼此在心灵上适当的依存度，独立的女性朋友即使做任何事都可自己来，也要留点机会让男人参与，让互相陪伴的感觉，加深两人感情的厚度，唯有真情互待，才是能让感情不断持续美好的关键。

真爱密码

在两性关系里，只要爱情不要金钱的女人很多，只要爱情不要婚姻的男人更多。不管你是男性还是女性，都要拒当爱情提款机！

金钱绝对是考验两性感情的最好工具，拒当冤大头三

步骤：

1.另一半伸手要钱，如果不给钱就移情别恋，正好显露对方真面目，这样的一半最好对他说："谢谢，再见！"

2.另一半伸手要钱，探究对方动机是失业，急事，还是想败金？与之沟通，将金钱的给予转换成特别的礼物，如：生日或约会纪念日……或者转换成其他福利，如：温馨接送……这些细心与贴心的情感付出，比钞票更具美好回忆！

3.另一半伸手要钱，告诉对方，先存起来当结婚基金，以便日后不时之需，让对方感到既窝心，又知道你认真面对感情的诚意！

钞票是恋爱的金条，越重越好；金钱在爱情中的地位，只会越来越高。储存金条的重量，掌控自己在金钱的地位，才有可能寻找到最对的另一半。

㉓

偷看手机短信、盗用MSN

Do Not Do
50 Things In Love

情人之间不该有秘密吗？恋人之间当然要坦诚相待，相濡以沫！可是哪个人没有秘密？如果秘密会伤害两人的感情，后果还真不堪设想……

贴身秘书才是赢家？

意洁和男友都拥有两串手机号码，他俩约定，每个月抽签挑两个人手机中的其中一串号码，交换使用。她说："我们手机都是交换着用，我觉得两个人在一起应该没有秘密，放心才交换手机号码……"

其实真有信任，何必这样做？就是因为之前意洁发现男友有对不起她的地方，意洁不得不发出通牒：你的事情我全部都要知道……两人才研发出换手机号码这一套游戏规则。

随时随地掌握对方的情报就是爱情赢家？男友发生过偷吃事件的意洁，因为不安全感，简直成了对方的贴身秘书，掌控欲十分强，温和一点时偷听男友讲电话、偷用Google查旧情人资料；激进时偷看手机短信，调阅MSN对话记录。她要男友公开一切，只要是会伤害两人感情的敏感事情都不能藏。

爱情如果要维持长久的生命力，需要双方精心、耐心、细心地经营。但是照意洁这样经营方法，刚开始好像还不错，却不是长久之计。悟透感情道理的人都知道，两人世界需要的是理解、体谅，还有信任。

意洁的猜疑，让两人活得很累。每个月光是换手机号码就带来极大的不方便，这些小小的无奈，早说或者还可以早解决，藏得越久，越让对方心中起疙瘩，分手的欲望也愈来愈强！

偷与盗都是违法

人都有善妒、报复心、占有欲，只是强烈的等级不同。人也都有秘密，只是秘密会不会影响爱情。

现实世界并不会像小说或电视剧的情节那样浪漫完美，每个人都有秘密，多多少少都有些秘密藏在心里。恋人间当然可以存有秘密，但是要避免"欺骗和隐瞒"。如果秘密不会危害两人之间的情感，就没有什么好计较的。有些秘密可以分享，有些秘密难以解决，都得视情况而定，有秘密不一定会欺骗，所以恋人不要因此一刀两断，结束恋情，要给对方多一点的了解和宽容。

每个人都可以拥有隐私空间，就算结婚了也不能逾越，除非对方同意，偷看手机短信、盗用MSN查看对话记录都是犯法的。恋人的距离只能0.000000001公分，陷入恋爱的人喜欢百分百贴身，还是要把持好恋人的距离，让对方觉得自己不会太远，又不会太黏、太近，恋人各自维持自己的神秘与秘密，是很重要的"自我保留"。

爱情最怕麻木，想要使爱情长久，一定要常常保持新鲜感。恋人刚开始总有着说不完的话，关系深入后两人之间的话反而少了，聊天也没以前那样轻松、自然。这时，就想偷看对方手机短信、MSN对话记录，试图找出问题的所在。有时候，恋人可能完全没有问题也不一定。问题可能出在自己不断地去寻找问题。

爱情如果缺乏弹性，就需要一点刺激，找出对方最害怕爱情中会出现的"致命杀手"，实验性放入爱情当中，测试反应，如果有效，加重药剂，但是千万不可太过，否则像安眠药过量反而让爱情消失。这种做法是将爱情最初催生的情愫快速拉回，拉回之后，请尽速加温、加深、加厚，抓紧时机转化成类似亲情般、相依为命的"合体爱情"。只有这种感情才是最坚固、最长久的。

幸福无比的爱情都有些小心计，但是这些心计的出发点都源于善意，恋人细细琢磨后，才会真正体会到：只有理解、体谅和信任来到爱情身边的时候，爱情才愿意停留。

真爱密码

爱一个人不是一定要将全身家当都摊在阳光下，把过去的历史轨迹都说出来，毫无保留地让恋人检视。恋人要懂得保有完整自我，让对方追寻，像掀开一层一层纱幕，不断地挖掘、发现自己，自己也要不断成长，让情人充满惊奇与惊艳！爱情中有千万个秘密，其中千奇百怪的一堆，不需要一一去揭露。

有些秘密不说出来没有关系，感到不安的恋人可以这样想：

1.没有秘密彼此就失去新鲜感，保持点神秘可以算是在一起的理由。

2.恋人需要扩大两人世界，认识更多朋友，寻找更多友谊，这样比较不会注意小事互相猜疑。

3.制造恋人甜津津又酸溜溜的感觉，重新启动那种叫人不安、患得患失的心情，是恋情保鲜的方法之一。但是千万记住：玩过头也会有副作用！而且，永远别让恋人知道你耍小计！

4.如果要抓情人的暧昧，抓到就要想清楚：能不能承受后果！

24

夺命连环Call，
紧迫盯人术

Do Not Do
50 Things In Love

　　狂打、一直打、猛打……直到找到你为止，这也是一种爱的表现？是的，这是爱的偏激表现。人都有偏执的一面，恋人尤其是，一旦进入偏执状态就无法自拔……

爱到无法自已

　　Brian是个闷骚透顶的家伙，爱慕办公室女同事已经一年了，经常在上班的时候与女同事MSN聊天。因Brian是主管，薪水高又拥有迷人气质，当然很吸引女同事。但是深入了解他的人都知道，Brian不但巧言令色，而且十分花心，根本不是想象中的风度翩翩。Brian与女同事在线搞暧昧搞了一年，两人中午会一起出去吃饭，偶尔约会逛街，但是Brian从不表白，老是维持一种低调与神秘。女同事也不时会去留意他有没有上线，有没有留言，且留意字里行间，他有没有什么进一步的暗示。

两人是那种好像有感觉，却不足以切切实实发展的一段奇怪关系。女同事常常希望有进一步的冲动，却没有进一步的勇气。Brian不是情人，但有时似乎比情人更关心她、了解她。

接下来，问题逐渐浮现了，女同事每次打电话给Brian，两人都会聊很久，对话中Brian还不时表示："你对我是十分重要的。"这让女同事觉得，自己备受呵护与关心。

久而久之，女同事陷入爱的旋涡无法自拔，生活中开始不能没有Brian，送水果、情人节礼物、夺命连环call不断、深夜也打电话到Brian的住家。Brian开始厌烦，觉得自己不堪其扰，还报警要申请禁令。

如果发觉对方不是自己想要的对象，何必一直和对方搞暧昧？等对方上钩了又发现并非自己想要而觉得自己受到骚扰，Brian十足是个三级烂咖！做贼的喊抓贼，女同事最后被搞到自惭形秽，又没有志气甩对方两巴掌，黯然离职。

爱情，最怕无法自已。爱上唬弄自己的人，一定要意志坚强，不理睬、不联络、电话关机、换号码，永远保持距离，这是最简单的方法。

自我为中心的没自信

很多恋人会有"爱情至上"的观念，对于爱情的专注态度、忠实信仰、全心全意超出别人很难理解的范围。这类情人通常都有侦探级的大脑，追踪情人对他们是家常便饭，有时甚至到了恐怖的地步。

丽香有时一天会打十几次电话给男友，疑神疑鬼，男友很苦恼。她是个嫉妒心极强、非常爱吃醋的女生，对历任男朋友的监控，也都几乎到了滴水不漏的地步；男友不能和异性朋友交往，不能单独和异性朋友见面，她花很多心思在监控男朋友的一举一动，定时检查短信内容、发送时间、发送对象、发送频率……男友手机的已接、未接、已拨电话的来电显示也都会检查一遍，背着男朋友偷偷进他的MSN和E-mail以及QQ账号；在男友的人际周边布线，透过私下跟监，看看男友说的是否属实。如果不顺她的意，她就一哭二闹三上吊，哭闹着男友不爱她了，吵着威胁着要分手……

更夸张的是，年前公司忙碌，男友忙到没有时间吃饭，好不容易回到座位，发现竟有42通未接来电，每通都是女友打的，几乎每隔3分钟就打一次。丽香在第一时间联络不到男友时，还从朋友、家人……逐一下手，每个人都接到丽香的电话。男友的语音信箱也塞满了她的留言，从一开始的关心，到后来焦躁不安，然后气愤难耐，最后大骂吵着分手，然后是不言不语的悲苦啜泣声……女友的夺命连环call，简直会把情人逼疯。

恋人有时候会陷入一种偏执，非要怎样不可！能打的都打，就是为了要找到对方，不找到绝不罢休。如果今天是攸关性命的联络当然无可厚非，但是不考虑对方是否正在忙，无法马上接电话或回电，不在乎对方的面子形象到处问，就是要让全世界知道有个人在找你，这种举动会吓到家人朋友，没有体谅，只有自己的感受，这样的情人多半是自私的。

生活中像丽香这样紧迫盯人的女友不少，因为太爱对方而不能失去，宣称自己的跟监行为合情合理。丽香形成一种"自我为中心的自私"特质，她不但对自己没有自信，也无法信任自己的另一半，认为唯有严密监控，才能防止对方出轨。如果连自己的选择都无法信任，感情又怎么可能长长久久？丽香看不见自己，不知道两人的问题是出于自己的夺命连环call。让情人窒息，感情又怎么能够存活？

真爱密码

感情没有扎根，容易风雨飘摇，就算感情的时间再长，也只是苟延残喘。飘浮无根的感情，变幻莫测，雨从东边打来，感情就往西边飘移；风从北边穿来，感情就往南边移动。感情如果像云那样飘来飘去，是不会带给恋人任何安全感的。

懂得爱自己与尊重别人，人生才会活得快乐，快乐，是爱情最需要的元素。当热恋期的日子过去，恋人的生活依然得恢复正常。

1.爱情中的对方是重要的，但不需要当作生命中唯一的重要。

2.爱情失衡时，绝对不要采取激烈行动，应该静下心来检视爱情失衡的原因。

3.做好自己，不依赖他人，就是好情人。

4.透过自残赢得对方关心，这并不会凸显自己的重要性，反而给予对方心理压力，提心吊胆。

5.恋人无法控制情绪，会让自己陷入执迷，做出后悔的事。

6.没有安全感是自己的事情，对方不会拥有安全感的译码钥匙。

25

分分合合
Do Not Do
50 Things In Love

爱情分分合合，却说愈爱愈深！爱情的分合戏码，是习惯了放不下，还是非要等到失去时，才会懂得珍惜……

爱是一种习惯

爱情是奇妙的东西，让人完全无法掌握，无法预料。情人分分合合、吵吵闹闹，有人分了又合愈吵愈爱，有人却是一分两瞪眼，再也不可能……

爱情是来自两个不同环境背景、不同生活圈、不同经历的两个陌生人，酝酿出好感的产物。恋人有这么多的不同，当然会产生很多的矛盾与分歧。当初爱上是看上对方的亮点，只注意光芒，忽略了没有发光的其他细节。在一起之后，亮点慢慢退色，那些未发光的东西却取而代之慢慢暴露出来。

爱情中的分分合合，其实只是一种"磨合"，彼此适应可否包容对方的缺点与不足。分分合合是一种现象，能够在一起就继续，不能的话就分开。恋人要考虑的是：能否接受对方的不足，如果能接受，还是有可能在一起。

"磨合期"也只是一段时间，分分合合的恋情，最后应该走入一种"稳定"状态，不然上演多次会让人厌烦，每次信誓旦旦说不会在一起了，没多久又演出双合体，这种"狼来了"的谎言太多，等到真的想分还真的没有人会相信，更不会有人同情。

分分合合的爱情属自然现象，也是一种"放不下的习惯"。已经习惯每天电话卿卿我我，已经习惯称呼对方"宝贝"，已经习惯对方送便当……突然分手，世界都不同了，生活好像少了什么，恋人会后悔、反省、思考……然后想要从头来一次。如果每一次的分手都是伤害，不如说每一次的分手都是两人彻底反省的机会。

很多夫妻床头吵，床尾合，吵吵闹闹一辈子却也没分开过。分久必合，合久必分，如此循环，也能制造真正的爱情！

Betty与Gary这对冤家，就是吵架一辈子，却无比恩爱。自从同居以来，两人争吵不断，老是意见不合，个性上又南辕北辙，十分不和谐。就连上馆子吃饭，Gary想吃水饺，Betty想吃西餐，两人都可以在路边吵得不可开交，Betty的友人心想：这两人一定会分手，但是这个想法存在心里十几年了都还没有成真！主要原因是，他们如此深爱着彼此，很清楚两人都是个体，意见不一致是正常，意见一致是幸运！

每次的沟通如果出了问题，几乎要面临分手的局面，但是约定吵架不过日，当天就会把乌烟瘴气在睡觉前全部赶跑。爱是没有成见的，也没有面子不面子的问题，用爱与包容真心对待，"我爱你！"不是电影里的对白，是实际的行动！

幸福不需要任何理由

恋人谈分手是很伤心的一件事。有些人看待分手问题很严重，拼了命要挽回，感情如果产生了裂痕，就算是挽回了，裂痕也未必能弥补，之后得付出很大的代价，而且付出的心力往往要比之前多很多。

爱情如果走错了是可以导正的，只要用真诚打动对方，用时间证明爱的存在！但是有些爱情的挽回，只是让对方一时回心转意，回光返照，问题再度出现时又会濒临分手。有些爱情，在对方回头时来个"反制"，用曾经伤害彼此的事件强压对方，这样的爱情，最终还是会失去。如果爱情真的无法挽回，就要毅然决然放弃，不要误人误己，耽误青春。

分分合合其实说小事是小事，说大事是大事，要看两人怎样认定分合这件事。念旧的男生比较不容易谈一段新的恋爱，容易出现分分合合的爱情。如果遇到一个对于分手没有太多牵绊的男生，就很难旧情复燃，分手通常就是分手了！

自己的感情只有自己最心知肚明，别人都插不上手、帮不上忙。爱一个人的时候，即使对方成就再低、学历再差、一无是处，只要是自己爱的都是最好的。但是千万要听听长辈、周遭朋友的意见，不要故步自封，活在自己的幻想里。

当恋人想分手时，也真的不需要昭告天下，对方多烂多坏、缺点有多少，这只会凸显自己的眼光有多差。爱情不需要裁判，爱情的悲伤专属恋人自己，和其他人一点关系都没有。所以，要快乐爱还是痛苦爱，全看自己。

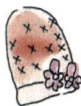

真爱密码

爱情是一种哲学，但是每个人都学不会。不过，学不会没有关系，能够掌握几个要点就可以。就像快乐，是不用努力学习的，只要掌握住快乐的心就可以！

掌握住爱情的精髓，也就等于抓住了爱。爱有其核心思想与原则，维持一段感情不要大意：

1.爱情世界不是付出得多就赚得多，反而是付出愈多得到愈少，但是光是付出就是得到爱了。

2.爱情是很脆弱的，且大多数的爱情禁不起考验，充分沟通十分重要。

3.不要找机会让感情受到考验，拒绝一些可能破坏情感的诱惑。比如和异性单独吃晚餐。

4.恋人要不停地充实自己，让两人的感情常保新鲜。

5.爱情这东西没有道理可讲，不是下多少工夫，用多少努力，就能天长地久。

6.不要因为工作忙、事情多，就忽略了两人的感情生活。

7.爱不是一个人就能维持的，需要默契，互相配合才能维持感情。

26

忘不了旧情人

Do Not Do
50 Things In Love

买不到的名牌包，总是最闪亮的；绝版的跑鞋，总是最想要的；错过的爱情，总是最美好的；失去的情人，总是最懂我的……忘不了旧情人，究竟是什么道理？

得不到的总是最好

对很多有过刻骨铭心情感经验的人来说，旧情人是缠绕一辈子的痛苦，也是挥之不去的记忆。因为曾经付出真心，全心全意怎么能说忘就忘？一想到就全身痛苦、难受、委屈……但仔细想想，旧情人真的那样完美吗？

旧情人可能只是一个负面记忆，反映出的，可能是自己的真情真意。心理学者弗洛伊德曾经研究，情人留下深刻印象、永难忘怀的，不一定是最重要、最快乐的事，反而最多是负面情绪。带有负面情绪的记忆是生命中的重大创伤，最难遗忘，辗转反侧、不断思索时，又会继续强化脑流电波，强加在记忆中。

旧情人难忘吗？未必，难忘的，多半是自己在爱情中受到的伤害，只是潜意识中用美好的记忆去取代。记忆是不理性的，记忆会依大脑的指示存取，记忆的选择性或遗忘过程未必符合自己的利益。

根据科学研究，人类的大脑天生有一种"自我修复"的本能，会对各种极度悲伤的事情做最佳调整。而且人在睡眠中正好可以修正创伤，把发生的事件改写成自己内心比较能接受的故事情节……难以忘记旧情人很可能是事件带来的负面情绪太沉重，难以摆脱，所以自我诠释、合理化，以至于对旧情人的想念，迟迟无法删除。

忘不了旧情人的人，会误以为自己还怀念过去，忽略了那个可怜受害的自己。Pen与交往十年的男友分手，她陷入严重忧郁，总爱问："怎样可以忘记他？我很想忘记他，为何就是没法忘记他？"

要忘记一个人，就是不要再去想，冷漠、冷漠、冷漠。忘记一个人不用"努力"，愈努力愈忘不了。比如现在做个实验，请千万别去想一片辽阔无际的汪洋蓝色大海。现在想到了什么？一片辽阔无际的汪洋蓝色大海！这是吸引力法则，愈努力想去忘记，愈是无法忘记。所以，难以对旧情人无法忘怀，就不要忘记好了，忘不了是理所当然的事，不必惭愧难受，但也不要自欺欺人说已经忘了，根本就是不要提起、不要动念，完全的冷漠、冷漠、冷漠。

一直到某年某月某一天，当Pen要搬离租屋，不经意丢掉一些CD，丢了才想起这好像是旧情人买来送她的，没有情绪起伏、没有忧郁伤心，忽然想起：哦，曾经爱过一个人，啊！原来爱过这个人，仿佛那是另外一个星球上很遥远的事，自己已经一点儿感觉也没有了。这就是遗忘。

旧情人可以是模糊的情人，让旧情人淡淡走出。然后，自己才可以积极展开美好的人生。

自己才是命运的主人

不管有没有情人，都不应该感到任何不快乐。不需要一直缅怀过去恋情，也无须钦羡别人的桃花运，更不用觉得自己销不出去而感到自卑。有情人的，不需要去比较、不满、挑剔，过去的不会比现在更好，未来的还没有到，所以，放松心情，享受当下。不管有无恋人，自己都是命运最好的主人。

Richard有3个情人，一个叫老婆，一个叫女朋友，一个叫情人（从他嘴里讲出来会很难听，他称之为炮友，也就是性伴侣）。老婆是他安全的避风港，可以茶来伸手、饭来张口。女朋友是他生活的助手，什么都可以，就是不能依靠。情人是他情欲宣泄的出口，身体的快乐享受。

Richard觉得快乐吗？不快乐。为什么？因为他有3个情人，别人只有一个，他每天都很忙很累，还很难。难什么？难于应付、隐藏、隐瞒……最后Richard掌控不了局面，只好赶紧放手。他当然是先放掉女朋友和情人。情人天生知道自己的定位，抱着玩玩的心态，可以马上拿钱走人，但女朋友却一颗心牵挂着Richard。女朋友还存有Richard会为了爱情抛弃婚姻，两人可以因爱结合的浪漫幻想。

面对女朋友的单纯，Richard也曾经心动过，有总比没有好，但是他从来没有感动过。Richard考虑的从来不是爱或不爱，他在乎的只是"风险"，会不会被抓到？老婆的家世背景好，万一事业不保还有后盾。女朋友软弱无力，还需要人呵护照顾。Richard如果家庭破裂，恐怕身败名裂，在父母、子女、朋友面前都难以抬起头来，父母会埋怨他好好的家不要了，不务正业。子女会认为被父亲抛弃。朋友会指责他搞小三毁坏名誉。

Richard当然是赶紧丢下女朋友了，只是用了好听的话包装，说自己爱家爱小孩之类的狗屁理由，要女友对他念念不忘……这世上宁可相信世界上有鬼，也别相信男人那张嘴，指的就是Richard这种男人。

爱需要坚定的基础。情人要保护自己，名不正言不顺的情人千万不要当，没给承诺，也千万避免交往，不给自己明确位置的人，赶紧离开他吧！爱上不该爱的人，扮演了不光彩的角色，一开始就错了，结果也不会太对。旧情人又怎样？旧情人就是旧了！

真爱密码

大多数人喜新厌旧，但是有些人就是很念旧。有些人念旧的程度，会把家里堆成垃圾山，所有东西都舍不得丢，也不愿意捐赠出去。

日本有个电视节目，就是专找这种堆积如山的垃圾家园，想办法协助对方清理。其实，一个人的生活习惯就是自己最好的一面镜子，居家堆满杂物，身体、思想也就跟着堆杂物。清除掉体内的废物，身体才会轻盈健康。思想清明，人才会畅快。把旧情人遗忘了，新情人才会进来。

得不到的总是最珍贵的，旧情人既然已经旧了，不妨放纵自己一次，来个喜新厌旧，把握住现有情人，为自己踏出另一步。人生，需要一步一步走，不要停滞在过去好或不好的记忆里。如何赢得现有情人的好感和关爱？

1. 保持彼此之间的亲密感。
2. 分享彼此的心情。
3. 多看对方的长处。
4. 勇敢承认自己的错误。
5. 学会积极热情。

27

好赌

Do Not Do
50 Things In Love

小钱小赌，大钱大赌！不要以为赌博可以换来大收获，中乐透的概率是几百万分之一，恋人应该彼此鼓励，树立正确的人生观与金钱观。

十个赌九个输

世界上有两种人不能当情人，一种是好赌；一种是酗酒。嫁给好赌或酗酒的人，从来没有好下场过。想要幸福一生，要选对能带给你幸福的人。和好赌的情人不用说太多，因为对方根本不讲道理。

一个好习惯足以改变生活，一个坏习惯足以毁坏生活。小优的男朋友赌性坚强，小优一直以为男友只是平常爱打打小麻将，后来才发现，男友是个豪赌客。

两人刚开始在一起，男方经济还算优裕，但自从有回两人去澳门旅行，男友赌赛马狂输百万，从此陷入借钱欠债的恶性循环里。"那是一场噩梦！"小优回想起来还心有余悸。当时她劝男友劝不动，想或许他赌完了手边的塑胶币就会罢手，输光就会安分些，哪想到就在小优去买果汁的时候，男友不知道拿什么抵押，她再回来时，男友满脸懊恼，说他完了！真的完了！小优把身上的信用卡拿来刷回家的机票，男友输光光还负债百万，好险当时没有把小优卖了抵债。

菲菲的男友也爱赌，男友打牌的时候，菲菲得替牌友准备点心，嘘寒问暖。菲菲当然不希望男友赌博，赌小兴致玩玩可以，要是太大的输赢，赔光家产怎么得了。想了许久，菲菲决定换种方法暗示男友。

菲菲不会在言语上翻牌，表明支持或不支持男友打牌，也从不会指责男友打牌。她只会在打牌前几分钟撒娇："亲爱的，身体要顾好，你是我的最重要支柱，当你的女友最幸运了，你的健康是我最在乎的，不要因为打牌累坏了身体哦，不划算。"

菲菲一方面用言语关心；一方面还会断男友的财，她总是在男友身边看牌，赢钱了赶紧拿分红。菲菲不知道男友什么时候才不会赌，只希望他不要赌大。她常常提醒男友，希望两人一起努力，把爱情巩固好，把家顾下来。不管用什么手段与方法，希望男友知道"小赌怡情，大赌伤身"的观念。

愿赌服输，赶紧醒悟

因为好赌成性，赌徒很难改。不只赌金钱、赌爱情、赌工作、赌命运……人生无处不赌，但是赌钱与赌生命不同，前者概率只有不到10%，后者可以因为判断、分析，把成功的概率由10%提高到80%。

人为什么好赌，原来就是来自一个"贪"字。赌有很大的魅力，最大的诱惑来自于"不劳而获"的"投机动机"。想要快快获得自己所想要的，不管是金钱、爱情、工作、事业、人生……想一步登天，速成！更糟的是，好赌成性的人最在意的还不一定是输赢，而是"刹那间的输赢快感"！有这种倾向者千万不能爱，心要硬起来，记住："愈赌只会愈薄。"

小霞原本是百货公司化妆品专柜小姐，几年前到酒店当小姐，问她为何走上这条不归路，竟是帮父亲还赌债。赌博害人不浅，小霞的家庭就是因为父亲赌博，全家过着担心受怕的日子。她为了帮忙家里还债，避免母亲还有弟弟妹妹受到伤害，一个人承担起所有的债务，花了五年时间，把父亲的赌债全部还清。

但是小霞帮父亲还了债，父亲并不感谢，反而又跑去赌。个人的债应该个人承担，小霞最后毅然决然带着母亲离开，与父亲断绝父女关系。父亲的不负责任，把家庭弄得支离破碎。

人生充满着赌的诱惑，人人都有爱赌基因，尤其是中国人，爱赌成名举世皆知。赌是人性隐藏的恶行之一，看看生活周遭何处不赌？何处不是诱惑？彩票、乐透、抽奖……大家都想试试手气，勇敢一搏。但是一定要明白，恶性赌博和小赌娱乐是不一样的。

爱是人生的一部分，应该要从容面对、坦诚、自珍自重。只有值不值得去爱，没有值不值得去赌！没钱赌了把人生卖了都有可能。命运悲惨不怪别人，只怪自己！

如果选择了一个错误的情人，对方好赌、败金，自己就要愿赌服输，赶紧醒悟！

真爱密码

人人都有赌性，只是要知道自己的筹码放在哪里。筹码放在牌桌上的人，输赢是金钱上的大小。筹码放在爱情上的人，专家通常会建议分散风险，多下注几个，然后看状况。

赌钱可大可小，赌爱难有回收。但是不管是赌钱还是赌人生，输赢都要自己负责。赌博会带来兴奋，也会带来愁苦，赌不赌有关系，赌钱会输掉很多东西，但是幸福可以自己抓住。

1.想要一个小时幸福，可以去洗个头发。

2.想要一星期的幸福，可以一个人去旅行。

3.想要一个月的幸福，可以买一款想要的名牌包。

4.想要一生幸福，千万不要爱上赌徒！

28

东挑西嫌抱怨不停

Do Not Do
50 Things In Love

都说情人眼里出西施，怎么情人念叨不停？恋人有时候很瞎：对于看不惯的事喜欢念叨、嫌弃、挑剔……三天三夜也说不完，爱干涉是恋人奇怪的毛病……

不要用责备代替感谢

情人眼里出西施，这句话不是没道理的。如果一个情人对你嫌东嫌西的，先了解对方是不是求好心切。爱情是生活琐事，是一点一滴、扎扎实实的人生累积，念念叨叨、嫌东嫌西可能是过程，却很容易抹杀爱情中最特别的浪漫情怀。

Andrew和女友认识3年了。那天女友生日，Andrew却还有紧急的工作没做完。女友已经在他的公司大楼外等候一个小时以上，她打电话给Andrew：

"还没有忙完吗？"

"嗯，还需要一点时间。你先到订位餐厅等我好了，我忙完随后就到。"

"还是等你好了。"

"大楼外面风大，你还是到一楼咖啡厅坐下来先喝杯咖啡。"

"呀！订位时间好像快到了，那家餐厅好不容易才订到位，还是……我先坐车过去好了！"

女友到那家餐厅不到10分钟后，Andrew也到了。

"怎么这么快？我以为还要等你一个小时以上呢！"

"我想今天是你生日，还是先收工赶过来了！"

"这样你工作不是还没有完成？我生日不重要，你还是应该以工作为先……没加完班就赶过来，不太好吧！你们部门那些同仁会怎么说？你何必这样呢……你这样赶过来一定开车开得很快……我最怕你开快车了，你一定开快车了，对不对？万一超速被照相，又要一笔缴罚单的钱……我跟你说我先来这里等就好了嘛！……我一个人坐这里等没有关系，才没坐10分钟你就到了，早知道就等你，这样不会多花一笔出租车费……"

女友讲得都对，但Andrew一片好意却换来这些碎碎念，听得都快抓狂。他耐住性子，淡淡地说："我只是不希望你等太久，今天是你生日……"女友听了感到很不好意思，当了3年的情侣，她对Andrew始终习惯以"责备"代替"感谢"！

再深厚的爱也禁不起挑剔

恋人不管如何相爱，最重要的是同理心，如果能够换位思考、理解对方的所作所为，很多问题都不是问题。喜欢碎碎念的人，通常习惯以负面角度思考，喜欢用挑剔回应正面的好意，结果伤人害己，造成情人隔阂愈来愈深。

晓于是个小留学生，对爱情的表达很直白。男友生病，她会亲自做羹汤，表达爱意，让男友好好补一补，恢复健康。但是当她感冒，男友却是责备多于关心："叫你多穿些你就不听……""看吧！又咳了吧！叫你按时吃药你不按时吃，咳咳咳，咳死你……"

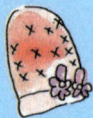

晓于听到这些话，真不知该如何回应，为何男友就不说些好听的？其实晓于的男友不是不在乎她，只是说不出关心的话，这验证了"爱你在心口难开"，生气板脸，其实都是在意。

爱嫌东嫌西、爱抱怨的人，通常是属于一种喜爱发泄的性格，这种性格的人，比较不善于调整自己的心情，所以一遇到事情，不会去积极想解决之道，反正先哀叹、抱怨、抓狂一番，等到对方受不了，有了激烈反应才调整，这绝对不是恋人沟通的好方法。

下次想要嫌东嫌西碎碎念的时候，不妨换种方式，在心中默想情人的好，然后强化心理，要加倍地对情人更好。有时候，一句"谢谢你，我爱你"的效果会胜过碎碎念千百遍。

幸福需要培养，首先停止对爱人的抱怨和不满，然后用行动去处理和伴侣之间的问题，并且尝试去接受对方的不完美，然后不嫉妒、不抱怨、不问付出多少、值得不值得。

真爱密码

当一个人的内心不平衡，他就会想要找回平衡。当一个人的内心不满足，就会想要做什么让自已得到满足。人很复杂又很简单，只要内心平衡了，一切就很顺利。会挑来嫌去的人，都是内心缺乏了什么，感到不爽、不快乐、不满足。

如果不满足的问题无法一时之间解决，有时候，给对方一个爱的抱抱，可以化解无法满足的内心；又或者，吃甜点也是让人心满意足的一种方式。

爱要倾听，不要攻击，对于不常表达言语的情人，有责任去诱导，引出情人说出心底的话：

1.给对方说话的机会，不要插话，用心倾听。

2.要听出话中的重点。

3.引出两人有兴趣的话题，每天花点时间聊聊天。

4.多听、多赞美、多鼓励，让两人愈来愈亲密。

29

太过精明计算

Do Not Do
50 Things In Love

女人太精明了不一定就会讨喜，很多男人见不得女人太精明，觉得这样会破坏两性和谐，这也应了那句老话：笨女人好嫁，无才便是德！

太精明容易使坏？

中国传统社会观念认为：男孩要聪明，女孩要巧。这跟西方的两性平权观念不太一样。Mandy 14岁被父母送到美国，接受美式教育，大学毕业之后回到台湾，到美商公司上班。Mandy与公司工程师谈恋爱，对方从未出国念书，深深被Mandy的独立自信给吸引住，但是却一直不希望Mandy锋芒毕露，原因是男友家族很传统也很保守，总认为女孩子将来是要照顾家族、照顾先生的。

为了男友，Mandy试着学习做一个小女人，但是想要依赖男友似乎不可能。男友对于家事完全不通，工作完毕回到家通常都是鞋一脱、包一放，就什么都不管了。Mandy要泡茶、准备晚餐，还要做家务……几次在男友家度过周末，Mandy觉得自己好像欧巴桑。男友家要的不是一个媳妇，是一个大管家，什么事情都要做，还得把主权交给长辈决定。

例如：星期六男方家有晚宴，餐点菜色Mandy必须事先规划，然后请问未来准婆婆的意见，婆婆给予指导再给经费，然后Mandy与用人一起上市场买菜。晚上用餐，Mandy必须把自己缩小，不要让家人宾客觉得这一切的打点都是来自于她，要把功劳归给准婆婆，对男友要像小女人般顺服……

Mandy男友家要的不是女人糊涂，而是要女人精明能干，然后假装糊涂……她觉得好累，好像被束缚了一样，没有办法发挥自我、享受自由。尤其是未来准婆婆的犀利，让她感觉快要窒息。

男友的母亲几乎一眼看穿Mandy的好强个性，心里知道将来儿子若娶了对方，可能镇压不住，所以用尽方法要让Mandy屈服顺从，愿意为家族交出真心。

Mandy和男友因为家庭背景差异过大，最终还是分手了。男友的母亲最后只丢下一句：太精明容易使坏。都说女人太精明能干就很容易搞怪，在外面容易有发展，而且很有想法的女性不容易控制。Mandy没有再多说什么，她只想做自己。男友后来在母亲的相亲安排下，找了个乖巧愿意听话的女孩结婚了，两人婚姻听说还算幸福。倒是Mandy寻寻觅觅，没有对象，但是她只要满意自己的生活，没有什么不好。

恋人会从两人世界扩大到两个家族，然后掺进许多复杂因素，搅乱了恋情，吹皱一池平静春水。

精明是相对的

女人精不精明，要看事情的相对性，精明的女孩总是认为不是自己精明，其实是男友太笨。在职场上，女人精明有时是必要的。在恋情当中，或许还是装笨些好。Mandy如果渴望进入男友家庭，渴望维系那段感情，就要适当地调整自己。精明也好，不精明也罢，能够获得自己想要的幸福就好。

Nancy就是一个工作上精明的，爱情上傻乎乎的女孩。同事眼红她太能干，升迁快，薪水高，她很快爬到自己要的位置，赚到自己要的钱。在感情上也一样，她善用女性的天真与柔性，找到了自己的绝佳伴侣。对Nancy而言，人要活得聪明。活在这个世上，就得接受这个社会，了解怎样掌握这个社会。对于感情，她看过太多被感情伤害的女人，被伤来伤去的永远都是女性，包括她自己的姊姊，因为感情自杀身亡，所以她立志，这一生不做感情奴隶。

Nancy很清楚大部分的男孩不希望女孩比他们强，可是又喜欢聪明的女孩。Nancy做足面子给男友，又不会让他操心，还随时让他觉得自己需要被保护、守护，让男友觉得她傻乎乎的。男友觉得她像小白兔一样，个性真诚、说错话或者迷糊时都很可爱，容易控制又听话，虽然很有自己的意见，但是可以沟通不会起争执。在天真无邪又傻气的女友面前，他完全没有心防。

其实Nancy在工作上超喜欢下命令的，只是她不会把这些口气带给男友，她很清楚恋人之间需要怎样的气氛。恋人之间如何占优势，如何处劣势，Nancy拿捏精准，随着交往时间的增加，双方力量也进入了彼此消长的阶段。到后来，反而是男友不能没有Nancy。

两性当中，占主导地位的常常是有优势的，其中，金钱又占据很大的分量。Nancy很优秀，在感情世界中也很优秀，她知道，不用看男友的脸色，就应该做到为自己喜欢的东西买单，真正的爱情是在无法爱的时候，懂得放手……Nancy将自己的条件营造得很好，几乎完全掌握了自己要的人生！

真爱密码

聪明的女人要懂得如何爱惜自己；聪明的男人要懂得如何对待女性。

精明的男性锋芒可以放在工作之中，精明的女性巧思可以运用在爱情生活。女人精明不是坏事，男人怕精明的女性，通常只是怕自己被耍，也怕自己赚的血汗钱被精明的女人花光。

精明女人的必备条件：

1.拥有自己的收入和银行账户。

2.敢独立做事不用人陪。

3.散发魅力和勇气，让对方不轻易造次。

4.虽然并不是每个女孩都美若天仙，但每个女孩都可以做到非常自信。

5.培养聪明幽默睿智，还有一颗善良心灵。

6.拥有自己的社交圈。

30

有情绪动作的吵架

Do Not Do
50 Things In Love

情人吵架不可避免，大吵小吵，就是不要积怨冷战。尤其，不要带出情绪性的不满动作：摔门、丢东西、故意制造噪音……

吵架把恋人推得更远

Lily打算带男友回家见父母。男方准备了一个礼物，结果忘了把礼物带出来，但回家拿还需要大概30分钟。

"我还电话提醒你要记得带礼物，你真的很健忘。"

"我明明记得就摆在门口，谁知道穿好了鞋就忘了拿。不然我现在回去拿？"

"我们已经迟到了20分钟，我爸妈饭都做好了，回去30分钟，再过来还要30分钟，至少还要花一个小时……"

"不然我们附近买点水果，总是要带点礼物过去。"

"我都跟我妈说你会送她很特别的东西，水果很普通……你到底有没有脑袋啊！"

"那要怎样，这也不要，那也不行，不要吃这顿饭了行不行！我也不想见你父母了！"

"你真的很烂，是你要见我爸妈，现在又不要去，我怎么跟家人交代……"

"你别说了行不行？我本来说今天有事，你硬要约今天，害我匆匆忙忙的，你真够霸道的！"

"我霸道，你呢？你很自私，什么事情都只考虑自己，我爸妈今天特地休假在家，我才排今天……"

原本一个愉悦的夜晚，就因为礼物这个小事情给破坏了，Lily与男友愈吵愈烈，从指控到责备，每句话都刺伤彼此。那天他们没有见Lily父母，随便搪塞了一个理由，Lily中途下车，猛摔车门，男友开车扬长而去，Lily夜晚独自走在街头哭泣，结果：冷战两个月。

情人愉快情绪的最大威胁莫过于争吵，而情人的争吵又是不可避免，司空见惯。吵架成了情人沟通的方法之一，但是这种沟通方式有点火暴，还很恐怖。一旦吵架，有时候很容易陷入一种非要"存心打倒对方"以突显自己厉害的地步，平常不敢讲的话，一到了吵架就毫无顾忌、噼里啪啦乱讲一堆，而这些话很可能都是针针见血，句句存心"刺痛"对方。

吵完架，一定会后悔。可能会出现一段冷战局面，不管哪方获胜，心头都已满目疮痍。气昏头说出口的话覆水难收，对方不能忘记那些狠话，需要时间抚平伤口。吵架伤身伤心又伤人，能免则免，如果非要吵，一定要掌握一些"正面"的吵架规则，这样不但能化解恋人紧张的局面，还可能出现一些积极正面的影响。

正面的吵架规则

什么是正面的吵架规则？不带情绪动作就是正面，凡是摔门、丢东西、故意制造噪声……这些没有经过语言，由动作展现的愤怒，往往给人一种不好的感受。

吵架也应该选适当的时间、地点，绝对不要当着家人、亲朋好友前吵架，让彼此颜面尽失。另外，不要吃饭前吵架，尤其肚子饿的时候情绪很差；疲倦时情绪也很糟，千万不要吵架……

情人既然可以无话不说，无话不谈，内心有什么不舒服，当然一定要说清楚讲明白，只是在沟通之前，要回到柔和的心。

回到柔和，使怒消退。回到柔和的心，是两人能沟通最重要的基础。想想看，吵架绝对是比嗓门大、比气势大、比刺激大、把对方压下去就赢。提高分贝的声音，不管是谁听起来都不舒服，高分贝的激昂，会让人焦虑，嗓门越大，怒气越多，恋人应该时时提醒自己：不一定要用吵架的方式才能找出问题。

正面的吵架规则还有一个重点：当对方已经熄火停战，千万不要又乘胜追击，非要让情人难看。恋人吵架不是打仗，只是内心有不平，有气想出，点到就好。论吵架功力，一半男生是吵不过女生的，尤其女生记忆力过人，吵架时八百年前的旧账都会翻出来，没完没了。好男不与女斗，吵架有失君子风度。

情人吵架，不只是争是非黑白，也是考验两人情感的深度，能包容多少对方的言语伤害。

吵完后有个简单的消怒法：从背后拥抱伴侣，安静抱着对方不要说话，让两人呼吸协调一致，让暴躁的心立刻平缓，也可以在一开始对方快要生气时这么做，避免正面冲突。有时，吵架吵得再凶，还不如突如其来的一个热吻，立刻解决争执。撒娇也是好招数，彼此撒娇，就像猴子互相抓身上的痒，用爱的表现消弭彼此的怒火。

真爱密码

有时候，吵架是一种抒发管道。吵开了，反而一切海阔天空。吵架有时候并不是坏事，而且吵架哪有不带情绪的？情绪哪有不带动作的？但是，带情绪的动作往往比吵架本身更具有威力，摔门、丢东西，借由外力壮大声势，就好像手上有武器一样，让另外一方感到有威胁感而吵得不痛快。

吵架可以发泄不满，也会让恋人陷入僵局，如何进行有效沟通，重新建立亲密关系？

1.闭眼回忆最爱伴侣的地方，然后心中默想伴侣让自己感动的事情。

2.选择两人不累也不赶时间，情绪不高张、心情较好、能冷静的时间讨论问题。

3.谈话的动机是加强情人之间的关系，先赞美对方，不互相指控，也不证明谁对谁错。

4.专心看对方的眼睛，表达诚意，不要一边做事一边讲话。

5.若只有一方想谈，可问问对方何时可谈，不要急切。

6.从小事的化解开始练习，不要一下子跳到大指责。

唱衰爱情指数
80%

Part04
心动的感觉会随时间消失

当爱情不见踪迹，只见情人背影，我们怀疑爱情到底藏身在哪里？让心随着时间死去，这是受伤恋人的反应。其实就算再怎样不相信爱情，还是会遇到心动的事，给自己和彼此一个相爱的机会吧！

Do Not Do
50 Things In Love

31–40

有時候，
　愛得很單純，
　　事情卻變得很複雜。

Girl,
　　Don't
Cry...

㉛

忙得没有时间和情人说话

Do Not Do
50 Things In Love

忙得没时间？是不想和对方见面，还是偷偷跑去跟别人约会……情人如果连说说话、谈谈心，分享生活点滴的时间都没有……要这情人何用？

心太软

小梅最近打电话给男友约时间见面，男友都说工作很忙很累，没有时间。小梅体贴男友，总觉得趁年轻时一起努力，双方好好存一笔钱，以后才有机会一起环游世界。

哪知就这样巧，周末下午，小梅与好友从电影院出来，好死不死就撞见男友搂着别的女生的腰，甜甜蜜蜜走在一起……骗小梅没时间约会，却偷偷跑去跟别的女生约会！

小梅想冲上去给对方一巴掌，身边的朋友把她拉住，要她想清楚，冷静些。小梅拿起手机，故意打给男友，问他在干什么。男友当然照例编一些理由，男友问小梅在哪儿。小梅实话实说，男友惊吓，忽然松开身边女孩。当街被抓住的男友，想跟小梅解释，但已经人赃俱获，小梅不接受任何说辞，冷漠地跟他说再见。

男友有勇气劈腿，小梅就敢和他说拜拜。小梅不是那种心软的人，对方敢劈腿，就要有失去小梅的准备。

芬奇却不是小梅这样的性格。男友一直与第三者藕断丝连，常常时间安排得很巧妙又周到，但还是让芬奇抓了好几次，芬奇当下虽然很火，但每次都心软原谅，两人在一起这么久，男生在外偷吃了不知道几次。但芬奇不愿面对，不敢接受，还怕男友主动提分手……芬奇把痛苦的时间拉得很久很长，到最后，还是走上分手之路，而且，还是男方受不了而提出。

在爱情中不要当不理性的人，芬奇这样的女孩善良却容易吃亏上当。分手需要心理准备，芬奇如果一时无法接受，也应该慢慢在心中说服自己。长痛不如短痛，分手才是上策，圣诞节芬奇找男友出去，对方说没时间，她问元旦是否一起过，男友说有事情，除夕夜？情人节？男友说都没空，这还算男友吗？这段恋情注定是没有结果的，难道看不出男友根本对她不珍惜吗？芬奇真是够迷糊的，活在自己幻想的世界里。

爱不是施舍怜悯

爱情，不能把自己伪装成弱者，祈求别人的同情！爱对方，就是没空也要理睬。情意无法一直搁置，需要时间培养。情人约会，就是要共同享受彼此在一起的时间，互相传达情意。

在感情面前，很多人都会莫名其妙智商变低。苦情计、哀兵计、忤情计也许短期会成功，长期肯定没用。

爱得很惨烈，女性习惯在委曲求全中赢得爱情，这是个错误的观念，爱情没有委屈，懂得爱自己的人才值得被爱，爱自己的人有更大的能量去享受爱情。爱与不爱，掌握在自己手里。

一个几乎没时间相处的男朋友，是徒有虚名的男友。而一个可以跟你一起分享生命点滴的男友，可能是未来的老公。去找个可以跟你一起经营生命、分享生命的人，不要浪费时间、青春在一个不关心自己的人身上。

通常假借没有时间约会的人，其实，他真的没那么喜欢你。如果真喜欢，再忙都会挤出时间相处，再穷也想办法买礼物讨欢心。忙，绝对不是用来当作不约会的理由，青春无法等太久。因为爱情，必须用心来维持。情人就算再忙也得找机会培养感情，出去走走、牵牵小手、讲讲电话、上网说话都是必要的，不然各忙各的，会越来越不信赖对方。感情需要维持，不能把恋人放在一旁晾着，需要彼此互相体谅，幸福才能维系得住。

Debby的男友是个不婚族，他一开始就表明自己不愿意结婚。Debby心中却期待婚姻关系，想要有自己的小孩。她相信时间一久，男友会改变的。傻女孩总是飞蛾扑火，为什么要跟一个不想共组家庭的人在一起？为对方付出时间、青春、金钱，默默地守候，没有任何怨言……爱，为什么要如此委屈呢？找个真正男友，不要被幽灵男友牵着鼻子走。离开，是另一种开始，要有信心自己值得，遇到到更好的男人。

真爱密码

　　时间掌握在自己的手中，何者重要，何者不重要，自己心知肚明。年迈父母的生日重不重要？女友的约会重不重要？许多优先级的排列，恋人自己很清楚。很多情人习惯以忙碌为借口，忘记真正的生活，很多时候，都是瞎忙，完全忽略身边最重要的人的感受。

　　恋爱要有方向，抓住对的方向，也就会遇到对的人。抛弃等待、等待又等待的苦情式的爱情，不要把爱情写成悲剧，等待会让爱情沉睡，让爱人醒不过来。不用等待，让不对的爱情现在就滚开！

　　1.相信自己是个好女人，值得一个更好的男人来爱。

　　2.既然可以忘了前男友，未来一定可以忘了目前不合格的情人而爱上其他人。

　　3.通往幸福的钥匙在自己手上，面对不对的人请锁上爱情大门。

　　4.对于没那么喜欢自己，不重视自己，不在乎自己的人，何必浪费青春？

　　5.好女人有自己的坚持，会理清内心真正的想法，把握自己的幸福。

32

总是委曲求全，
愿意牺牲奉献的小绵羊

Do Not Do
50 Things In Love

在爱情中，把自己搞得凄凄惨惨，总是委曲求全的人，往往是因为害怕失去带来的痛苦。忍耐忍耐再忍耐，爱情忍耐就能长久吗？

不健康的爱情

恋情往往会出现委曲求全的一方，因为怕寂寞、怕失去，即使对方做错事，无理取闹，还是选择忍耐包容，替对方找借口，不肯坦然说出内心的感受，时常表现自己的委屈可怜，这种经营感情的方式，是无止境的苦情垃圾桶，非常不健康。

不健康的爱情，需要调整，不然这样的爱情，通常撑不了多久。情人无话不说，何不和另一半讲清楚，表达自己心里话，不用忍气吞声，另一半如果爱你，也会鼓励摊开来说，爱情中没有谁应该当个受气包。

很多不想讲清楚的恋情，总是在猜想中度过。而往往，猜想的都与实际面差很多。Sam对女友的很多行为感到不解，他很想问明白，但是又不想让另一半觉得自己不成熟，所以选择忍下来。Sam的女友反倒觉得，自己每次无理取闹，Sam都没有不耐，反正继续闹下去，也没有关系，渐渐变本加厉。

每段恋情都由两个人组成，彼此会有不同的立场，也都有各自的利害关系，当两人因为恋情而产生关联，就要经由沟通，寻找其中的平衡点。

恋人是两个人的组合，绝对无法单靠一个人经营起来。恋人就像一双筷子，一对天使翅膀，一组双人舞，要互相搭配才能往前。就像开车的人不一定会修车，吃饭的人不一定会种田，恋人需要另一半的扶持、依赖，或某种自己无法拥有的能力，这种相互依存关系才能维持恋情。

牺牲的爱容易变味

美好的生命不一定包含爱情，美好的生命可以是温暖的家人、深交的朋友、向上的事业……爱情的点缀，只是让美好生命更为丰富些。但是女人为了爱情，可以付出一切，爱情只是生命的一部分，女人却总是把爱情当成生命的全部。所以现实生活中，出现许多爱情难题，仿佛没有爱情，什么就都没有了。那些因爱而生的各种烦恼，难以启齿的爱情，不被祝福的爱情，多半都是委曲求全，过度牺牲自己。

爱情原本就应该美好，不是被诅咒的东西，也不该为爱情终生受苦折磨。但是很多人都认为，这世上难有毫无痛苦的恋情，爱是眼泪和玫瑰的产物，碰到就是要流泪和流血。如何不被爱情的刺所伤？需要一些考验，只有通过考验而出线的那个人，才会愿意与自己一起努力，走出爱情困境。

巧巧不知道是不是因为想要抓住青春的尾巴，突然拼命地想交男友，好像以前投入工作是一件浪费的事，过了适婚年龄还没有结婚，笑称自己是搭乘巴士过了站没有下车的乘客。

她像是不得不力图挽救下半生似的，巧巧很快地投入一段感情，但是这段感情有些复杂，她和情人关系陷入一团旋涡，不断卷入周围的人。为了爱情，她抹杀自己美好的特质，不顾一切去满足、取悦对方。爱情进驻她的生命中，她却没有了自己。无可救药的爱情陷阱让巧巧得到了婚姻，得到了爱情，却也给了自己曲折的命运，付出很多惨痛的代价。40岁那年她离了婚，重新开始一个人的生活，她说自己不再为爱牺牲奉献，后悔自己在爱情中委曲求全。人一生中最灿美的一刻，不是爱上的时候，而是领悟真谛的时候。爱有时候会让人带着莫大的痛苦，让人堕落，忘记自己。

真正的爱需要宽容、信任、付出、包容，还得懂得彼此需要、接纳彼此缺点……爱的学问很大。当爱情陷入迷惘的时候，回头看看自己。在爱情中，一个自私的人永远体验不到爱人的乐趣，而一个顺从的人，很容易让对方失去兴趣！

真爱密码

爱情是老鹰抓小鸡？被盯上的猎物，抓到就不稀奇？小绵羊的爱情，总是祭坛上的牺牲者，一味奉献牺牲，忘了自己的存在价值，落入可怜又可悲的情境。爱情中应该没有委屈，有委屈就要说出来。真正能够使你幸福的人，永远都在不远处等你。

恋爱的时候，不妨多回味过去；失恋的时候，不妨多憧憬未来。你的人生自己掌握，想法随你改变。

1.不要被过去的失败的经验所掌控。

2.明确知道什么时候可以放弃，什么时候需要选择。

3.任何的难题都可以处理，任何的伤痛都可以痊愈。

4.为爱情付出有一定条件：情人之间要有信任。

5.恋爱只是一次完成的选举，如果这次没被选上，告诉自己：下一个会更好！

33

把对方当陌生人，
冷漠以对

Do Not Do
50 Things In Love

　　朋友可以变情人，情人却成陌生人。爱情的短暂，让人冒冷汗。有人说感情的事要学会无情，冷漠的人，能得到爱情吗？

交往倦怠期

　　爱情需要呼吸与空间，两人交往中，有时会出现倦怠。当一方变冷淡，另一方也不好用热脸贴冷屁股，两人关系就逐渐僵化。情人变冷淡一定有理由，有时是真的希望一个人好好静下心来独处；有时候是自己的原因，遇到了什么困难；也可能对这段感情失望，或者想要分手……试着找出问题原因，也趁此机会给彼此空间冷静思考。

　　也许暂时无法决定，因为还很茫然，无法理出头绪，给出答案，但是长久下来会对爱情造成不好的影响，这时可以找心理咨询专家、朋友，或彼此互相协助，找出问题症结，找出解决方法，总不能一直把情人当陌生人，完全不理不应，把情人晾在一边，不礼貌也不应该。

爱情的程度，每对恋人各有不同。涓涓跟男友交往之初，男友贴心接送。但是两人感情进入稳定期之后，男友主动提出，温馨接送可能要适可而止，这样往返太辛苦了。男友的态度一百八十度转变，让涓涓有点诧异，但是经过沟通，才知道当初是为了博取芳心所以才勤劳接送，现在两人进入稳定情感，需要一起面对现实生活，男友需要让生活恢复正轨，把目标放在事业上好好冲刺，希望涓涓多多体谅与支持。

经过这番沟通，两人感情反而进展更顺利。只是又过了一段时间，涓涓发现男友不太爱说话了，对很多事情都提不起劲，连讲电话都语气冷淡，涓涓本来还觉得是否自己想太多，免不了猜疑……希望两人好好谈谈，男友却说："让我冷静想一想。"之后沉默不语。

涓涓只好回答："我明白了。"随后挂上电话。两人就此不再联络。

把情人当成陌生人，通常是分手的前兆。涓涓和男友的感情只维持了两年，这两年当中，热情的减退是最大的问题。

让爱情回温

化解两人冷漠，最快的方法就是：再让他爱上你一次！让对方缺乏安全感、心急、焦虑……或者，回到当初相爱的心情，去两人第一次约会的地方走走，做一些浪漫特别的事情……都是拉近距离的方法。

恋人如果缺乏主动，感情毫无互动，自然走向各自的路。涓涓的感情就是这个问题，两人都被动，关系难维持。情人如果发现互动缺乏热情，要不就得分手，要不就需要"改变相处模式"。感情本来就需要长时间的累积，两个人要牵手过一辈子，就得找到适合对方的相处方式。

Cavy与男友同居3年，已经像老夫老妻，实在难有火花。当初认识的不确定感，那种强烈的吸引力和欲望已经不见了。长期交往下来，各方面都很熟悉，感情渐趋稳定后，反而有一种力不从心的无力感。尤其男友是属于很安静、很闷、不太说内心话、不太会表达情绪的那一型，两人在一起很容易无言，为了避免两人走入无言的结局，Cavy开始改变自己。

Cavy有时候会刻意让对方不知道自己的行踪，等对方在乎问起的时候才告知。也会故作神秘，让对方起疑。有时，她会说些男友不知道的事情，那是她最不为人知的一面，激起男友的兴趣与惊奇。或者制造期待，增加男友对感情的热度。

热情这种东西，就像鲜嫩诱人的果子，在枝头上可以幻想它的甜美与多汁，激起想要摘采的欲望和向往，一旦轻而易举得手了，就真相大白了。爱需要一些刺激，保持热情就是要懂得共同制造生活情趣。

等待幸福的人，往往不会幸福。勇敢找寻的人，幸福自然随之而来。人的一生，总是在摸索。爱情也需要摸索。爱情应该是有趣的、富冒险的，天下有情人都有责任和义务，让爱情回温！

真爱密码

情人闹闹别扭，最好不要超过半天。生闷气伤肝，郁积藏心底伤心，怎么做对自己都不好。情人是最熟悉自己的伴侣，刻意当成陌生人反而很不自然，心里有话还是找时间说一说，否则一整天蹙眉，皱纹不知又多了几条。

恋人如果已经升华成为家人，很难有当初谈恋爱的那种害羞、脸红、心跳的感觉，预防感情转淡的方法：

1.试着共同旅游探险，如果两人曾经共同经历过一些事情，一些挑战，一起面对，会加深情感。

2.安排两人独处。感情稳定后，各自渐渐处理各自的事情，但两人独处的时间非常重要。

3.如果太忙，可以利用琐碎时间一起洗热水澡，帮对方按摩，或天冷时窝在床上相互取暖。

（34）

轻蔑对方家人

Do Not Do
50 Things In Love

为什么相爱的两个人，最后会为了捍卫自己家人而闹到不可开交的地步？没有一个人有权力割开任何一个原生家庭的爱！

家人是一辈子的关系

Emily的男友是独子，两人交往3年，从高中补习班认识到大学。要升大四时，男友把她带回家，希望介绍给父母认识。Emily到男友家几次，发现男友家庭非常喜欢批评，批评电视剧情、批评政治环境、批评邻居、批评男友的同学朋友……对每件事情都抱怨，从没有听过一句赞美。

Emily不知道她离开后，男友的父母会不会也批评她。总之，这种"开口就嫌"的生活态度，简直是一种疲劳轰炸，Emily非常不能适应，听了这些不舒服的话，不但心情变很差，脾气也会变很差。

毕业后，两人认真谈到婚姻，男友坚持婚后要跟父母同住，Emily十分犹豫。如果两人婚后住一起，生活上就得一直忍受他们的批评语言，这种生活超级痛苦。男友母亲得知Emily婚后不想住一起十分不高兴，Emily脾气也硬，还未住在一起就与未来婆婆起了冲突，Emily后来干脆不去男友家，对男友发脾气，每次都是一脸"你们家有问题"的嫌恶表情，十分不耻对方家长。

家人是一辈子的牵连关系，永远割舍不下的血缘亲情，任何与家人冲撞的感情，很难和谐圆满。Emily即使不喜欢对方家长，也不应该冲撞长辈，这种不聪明的举动，严重伤了男友。她要男友作抉择，男友非常顾家，只好牺牲爱情。

要家人共同成长，是一个漫长的过程。爱批评人起源于自卑感作祟，酸葡萄的心态，如果大家都如此，自己不参与讨论批评，刚开始或许会感到格格不入，但是也许一阵子过后，自己反而可以影响他人，带动不一样的气氛。

Emily从没有想过这一点。爱一个人，也要爱屋及乌地去爱对方家人。Emily的做法不够成熟，也不够理智，多年之后，她与男友各自嫁娶，回想当初轻率的分手，两人都抱着些许遗憾！毕竟找到一个合适的对象，远比任何事情都来得重要！

替情人做足面子

　　生活习惯不是一朝一夕就能改变的，需要耐心及时间。凌恩从小就在教会长大，善解人意又有爱心。男友对她十分疼爱，几乎是贴身保镖加保姆。这样的举动惹得男友母亲醋劲大发，在凌恩面前会说些很酸的话："我儿子真懂二十四孝，只是都孝顺在女友身上。"

　　凌恩刚开始简直不敢相信人会这样说话，后来想想，男友的母亲可能觉得自己受冷落了。后来凌恩假日不太跟男友出去，尽量在男友家，帮男友的母亲做家事。还会买水果、买礼物，孝敬男友的母亲，为男友做足面子。

　　当男友的母亲感到自己多了一个女儿，心里大为放心。但是当凌恩与儿子感情愈来愈好，男友的母亲也就愈来愈希望凌恩与原生家庭切割，灌输她嫁鸡随鸡、嫁狗随狗的观念，不让她太顾自己的家。

　　原生家庭是凌恩最大的力量来源，每当她沮丧失望，感觉对这个世界没希望的时候，都是自己的爸妈给予支持鼓励。男友的母亲是受到上一辈的局限观念影响，凌恩为了改变男友母亲的想法，也让自己的父母与男友母亲频繁互动，多往对方好处去做去想，久而久之，这些老旧观念隔阂也慢慢消除了……

　　每个人的成长环境与背景不同，价值观和思考也不同，表达的方式更不会一样。但是人同此心，心同此理，只要站在对方的立场去想，很多事情都可以大事化小，小事化无。遇到观念意见不一样的时候，不管是情侣还是家人，绝对不要态度坚决地反对，因为这样很容易杠上，造成难以弥补的过错。

　　情侣与家人要多包容，多关心，人很难说会遭遇什么人生中的重大挫折，家人永远是最支持自己的避风港。爱是一种接受，一起努力的心态。只要愿意改善，改善就是件好事，或许不是明天、后天，但是无论如何，总有一天！

爱情中十万不要做的50件事

真爱密码

　　家人永远是家人，血缘关系的存在是切割不断的。恋人不要寄望自己会成为对方心中的第一顺位，因为家人永远会是最亲的关系。就算情人有再糟的家人关系，也千万不要站错立场，误判局势，万一家人和好如初，自己岂不成了冤大头。

　　愈是亲密的人，对彼此可能造成愈大的伤害。家人与自己是血源至亲，伤害到家人，其实就是伤害到自己。

　　　亲近对方家人的好方法：

　　　1.经常倾听。
　　　2.帮忙协助分担家事。
　　　3.如果有能力，当对方家庭有困难时，可以依照自己能力及时伸出援手。

35

没有话题
Do Not Do
50 Things In Love

情人应该是情话绵绵，有很多话可以聊，怎么在一起愈久，好像愈没话说？没有话题就代表两人不适合吗？

能聊的都聊完了?

慧如与男友交往两年，她发现两人在一起太久，好像能聊的都聊完了，两个人出去不知道该说什么。感觉两人都提不起劲，缺乏热情，情感并没有随着时间加温，反而愈来愈冷淡，找不到相同兴趣。

那天，两人如往常一样约出来见面，看完电影之后又是气氛一片尴尬，慧如看看男友表情，主动拉起他的手，关切地问问他母亲节想要送母亲什么。男友想了想，说想带母亲去看看香港迪斯尼，慧如这才发现，男友母亲跟她一样喜欢迪斯尼乐园，慧如分享自己上次去过的经验，男友听得津津有味，回家讲给母亲听。之后，两人就一起为母亲节的度假行程策划讨论，然后出发、回来、分享照片……那次之后，两人情感升温许多。

幸福是自己在作选择，也是两个人一起为自己的幸福在作选择。慧如选择制造话题，使得两人开始渐渐热络。没有共同的话题并不是谁的错，只是自己太被动。如果女方主动了，男方却冷漠以对，可想而知，慧如会多么失望！

恋人在一起久了，心动的感觉虽然会随时间慢慢消失，但是两人的情愫应该要随时间更深厚，这样的爱情才会因着时间累积，不断衍生一股强大力量，抵挡两人在生命当中可能遭遇到的困难与挫折。

幸福是从每一个智慧中累积而来

对恋人来说，没有话题不会是分手的理由。每个人的生活周遭都存在着许多机会、发生的事件……这些都是可以分享的事。再没有交集的两个人，都还是可以问候："你好吗？""吃饱了没？"只要认识，就一定可以找出原因与交集。

恋人有许多可以聊的话题，小至生活琐事，大至社会国家……避免会陷入语言刺激的政治、宗教等敏感话题，可以谈的东西永远不怕找不到。

如果一直想找共同有兴趣的话题，却始终没有成效怎么办？建议两人不妨暂时疏远一段时间，各自拓展对外社交圈。这样一来，可以把对外遇到的事情讲给对方听，培养互相倾诉的亲密习惯。情侣若能养成这个习惯，在彼此的心中就能占有一席之地。幸福是从每一个智慧中累积而来，两个人的世界如果只看着对方，很容易把彼此世界营造成坟墓。最好两人一起往远方看，设定目标，共同努力。

Vicky的男友Roger工作时间很长，假日又需要休息，Vicky和Roger能在一起的时间少之又少。热恋期过了，两人的互动变少，幸好Vicky自己会安排时间进修，她参加教会查经班、唱诗班，语言学习课程等各种活动课程，生活多彩多姿。每次Roger打给她，都可以感觉到她内心兴奋澎湃的情绪，Vicky似乎交了许多朋友，这让Roger不知不觉紧张起来，他对Vicky还有爱的成分存在，如果两人关系再不改善，他很可能会失去Vicky。

恋人的世界不可能一成不变，两个人一定要找机会相处。总之不要让对方觉得一定要故意一起做些什么，恋人之间的一切应该都是自然而然，两人关系要随时能够update。吃饭时主动逗对方一下，电视广告时主动抱对方一下，女孩子可以偶尔撒个娇，男孩子可以偶尔淘气一下，都是增加两人互动的机会。恋人需要互相成长，有成长自然会发现对方仍有不同的东西，也就不会有无话可讲的窘境。

有时候没话题也可能是其中一方有心事，或是不知道如何处理或是找不到机会说出口。不说话时大多数人经常是在思考，恋人可以留心，看看对方表情，是蹙眉深锁，或是神色自若，关心另一半的举动，也是恋人关系中最重要的微交集。

真爱密码

很多夫妻生活不到半年，好像就没有话聊了。其实这只是一种情境反映，反映出两人生活的无趣。

恋人没有共同话题，是因为太在乎自己了，没有站在对方立场看事情。这个世界每天都有一大堆事情上演，可以聊的话题根本随手可得。恋人如果话不投机半句多，的确会让恋情冷却，太刻意找话题，也会弄巧成拙。

恋人合不合得来，可以从话题的细节中去发现：

1. 从对方的社交状况认识更多兴趣，创造谈话契机。

2. 倾听对方说的话，找出对方感兴趣的事。

3. 除了语言，也可以利用肢体语言传达情感。

4. 多看书、多看杂志、多交朋友，多吸收不同领域的新知，让新想法源源不绝。

5. 有时两人即使不说话，一起享受当下的愉快气氛也十分重要。

36

浪漫消失了

Do Not Do
50 Things In Love

恋爱很浪漫，面对实际生活开销就不浪漫了。两人在一起久了，很多事情不像当初那样梦幻不切实际，浪漫消失了，两人也没有感觉了……

恋爱最终归于平淡？！

最初，一切都很美好浪漫；然后开始进入实际、理性；然后，分手才恍然大悟：两人怎么会在一起？有人说，爱情最终就是归于平淡，浪漫是爱情的火种，现实是爱情的考验，分手是爱情的结果，婚姻是爱情的坟墓。

情人之间的关系有可能像知己、家人、结发夫妻吗？情人之间即使不结婚，有可能维持夫妻般的坚固情感吗？

Fenny说还是情人时，男友说话总是客客气气，两人同居一段时间后，男友的语气就愈来愈不耐烦，两个人之间的火气愈来愈大。而且，以前男友都会花时间花心思取悦她，住在一起后，都是她为男友准备三餐，嘘寒问暖兼做牛做马，再这样下去，两个人一起生活好像愈来愈困难了，恋爱时那种甜蜜浪漫的感觉，早就消失无影无踪……Fenny很无奈，不明白为什么爱情的转变会这么快？

其实不只是Fenny出现这样的问题，很多人都有一样的状况。女人的浪漫可以一辈子，但是男人在感情稳定之后，浪漫就会瞬间熄火。这牵扯到社会价值观的问题，男性通常被要求承担更多的照顾责任、家庭责任，以及现实生活中柴米油盐的经济开销，在这些压力之下，浪漫自然逃之夭夭。即使在男女平权的开放观念下，那些无形的天花板仍然会把男性浪漫本质驱逐得一干二净。

未来的日子的确很漫长，在漫长的岁月里，爱情需要用心经营。两个人可以培养出一些共同兴趣，制造一些相同话题，也可以安排时间相约出去走走。其实恋爱时期的各种生活情趣都可以照旧，只看情人愿不愿意经营。情人节欢庆、生日宴会……加上其他特殊节日，随时制造一点浪漫气氛，千万不要因为感情稳定就一切回归平淡，什么都平乏无味……愈提不起劲，生活就会愈懒散，两人就会愈无趣……感情主要还是怎么用心维系。

懂得适时营造浪漫气氛，偶尔安排度假，或者去喝咖啡、购物……即使是一张小卡片、一通电话或一张纸条……都可以让恋人感应到你的用心，重新拉回彼此当初恋爱的感受。

做个有自信的恋人

浪漫消失了，可以再找回来。情人消失了，可能是一辈子的伤痛。浪漫怎么找回来？首先从浪漫如何消失的原因着手。

Simon每次看到女友就反感，为什么？他说女友以前总是打扮得靓丽，看来有自信，跟他在一起之后，两人常上美食馆吃东西，女友愈来愈胖，现在体重已经直逼100公斤，几乎就是恐龙妹，跟女友一起吃东西也备受惊吓，女友大口大口囫囵吞枣，搞得他自己都没有食欲。

当初，两人的浪漫情趣起因于品尝美食，没想到女友比Simon更投入，竟然吃出兴趣，共享美食已经不能满足她的胃口，时常感到饥饿成了女友最大的魔障。

不断地吃是一种焦虑。Simon后来意识到女友的焦虑，来自于对工作、对感情、对人生的不确定性，所以她不断用吃来安慰自己。两人下馆子已不再是一种浪漫，而是沉重的负担。

为了挽救自己的人生，Simon的女友决定重新振作，她去看心理医生，然后开始瘦身、找工作、培养积极的人生观，改变自己的造型，努力发展自己的兴趣，重新做一个有自信的女人。努力半年之后，原本已告吹的恋情竟然起死回生，Simon的女友做了一件很浪漫的事情，她买空飘气球放在Simon办公室看得到的地方，气球飘得很高，爱也飞升得像气球一样高，上面写着："Simon，爱你一生一世。"让Simon感动到不行，希望两人一直走下去⋯⋯

要营造浪漫很容易，就只怕一个"懒"字。女人一懒，蓬头垢面、蝴蝶袖、大象腿、黄脸大婶婆都出现了⋯⋯男人一懒，啤酒肚、水桶腰、油头胡基楂满面。

爱情应该相看两不厌，如果没有了新鲜感和乐趣，很容易对彼此没感觉，相互生厌。外观的美感只是恋人产生好感的基本要素，恋人最浪漫的事需要自己经营，不要光说不练，要努力实践，努力保持两人的最佳状态。连人都有心灵层面的相互需求，如果能够细心敏锐地去感受对方，保证浪漫恒在，爱情不打烊！

真爱密码

每一个人吸引别人的地方都不尽相同，浪漫没有一定的逻辑，得慢慢去发现并且找出对方的浪漫点。大多数的浪漫招数，已经被社会商业操作得淋漓尽致。这些招数虽然有效，但是比较没有创意。发现属于恋人自己的亲昵语言或肢体动作，可以让两人世界独一无二。

情侣都有自己相处的模式，每个人的感性点不太一样。以下提供几则浪漫原则，帮助情人对症下药：

1. 每天都用新鲜的心情面对感情，任何一个小动作都会让情人觉得贴心浪漫。
2. 偶尔穿穿情侣装，过过小节日，准备小礼物……浪漫可大可小，动人最重要。
3. 感情不是理所当然的，一定得用心，浪漫是感情的调味香料。
4. 爱情需要一点距离，偶尔给对方一点空间、一点惊喜、一点刺激、一点放松。
5. 制造浪漫，就是在适合的时机做适合的事情。

37

听我的就对了

Do Not Do
50 Things In Love

爱情中的主导权在谁手上？贪爱的人，往往在爱情中逐渐失去自我。让自己成为爱情的奴隶，不断绕着对方打转……

保有个人空间

Sophia说，本来以为自己可以活得很自在，进入爱情之后，才发现自己是颗为爱转不停的行星，每日不停地绕着男友打转。

Sophia的男友是个自我中心很强的性格型男，他很自我，这一点十足吸引Sophia。所以Sophia常常违背自己的意愿，满足男友，让男友开心，但事后，她又觉得老是听对方的，自己在爱情中的主导权很低，男友对她愈来愈看轻，好像可以把她当空气。

对Sophia来说，爱情很珍贵，所以很在乎对方的感受，但在对方眼中好像不是那么回事。常常，Sophia心中介意的事，在男友眼中其实不这么重要。男友在乎的事情，Sophia却百依百顺。男友对她的爱是有刻度的尺，把爱情一寸一寸丈量好，只给予适当的分量。

在爱情迷幻药的引诱下，很多人的爱情总是追随别人，委屈自己。爱情关系一旦形成了一种模式，要再调整过来就不容易。Sophia的男友"只愿意享受而不付出，凡事还要以他为尊"，这样的爱好像千斤顶一样沉重，让Sophia看不见未来。

情人都说爱是伟大无私的奉献，实际上恋人应该认知：爱的牺牲不能没有限度。如果爱是沉重的，不要让自己太委屈。Sophia后来学习松手，让自己不这么需要爱，在放开、抓紧之间适度付出，她与男友的依存关系，也就变得不那么顺从。爱情保持距离，轻松又安全。距离一旦拉远，男友也不敢如同叫唤保姆般使唤她。

幸福的假象

爱情里最常见的，莫过于是你爱的人不爱你，却傻傻地继续等下去，傻傻地付出，以为"总有一天等到你"。结果，一犯傻，就傻傻地等待了好几年的时光。

Emily说她并不后悔，她真的很爱很爱男方，即使10年都过去了，男方已经结婚了，Emily却还忘情不了。Emily把幸福化成了自己内心的假象，这个假象就算她与男友没在一起，也没有关系。在Emily的心中"一定要把那个人给等回来"是目的，男方结不结婚Emily不在乎，傻傻等待Emily不在乎，浪费青春Emily不在乎，她只听她自己内心的声音。

沉溺在爱情中的恋人，有这种执著倾向的人很多，这种宣示主权的方式，不是言语上听我的就对了，而是"潜意识的意念"，这种力量十分强烈。这类的执著通常会将爱情走入玉石俱焚的局面：我得不到你，别人也休想得到！许多社会案件的起因是如此。

一个爱自己也值得被爱的人，是身心成熟的人，不会因为一时的浪漫或冲动就"沦陷"在爱情里。但是Emily不同，她虽然沉溺在爱情中，但也尊重对方，给对方时间思考，没想到这种"非要不可"的精神，果真把男方盼回来了。

Emily的例子结局尚称圆满，但奉劝大家千万不要轻易尝试，等待是未知的路程，是漫长而遥遥无期的。而就算Emily目前暂时赢得了自己要的爱情，以后的路还不可知。爱情中，如果一方自大、喜支配、不易与人形成密切的情感连结、喜欢操纵、掌权……在爱情中会比较缺乏同理心，不顾对方感受。

Emily是极爱支配的女性，只是她把这些感觉压抑了下去。倘若Emily一味沉溺于自己幸福的假象，她的爱情仍然堪忧。如果有天她发现，原来她喜欢的人并不是因为真的喜欢，只是"得不到"而已，爱情的危机就立即会产生。

恋人间应该透过良好的沟通，一起勉励、互相学习，培养出双方亲密感，让彼此有安定平稳的感觉。

真爱密码

恒人是由两个个体所组成，两人虽然是平权观念，但还是会有权力消长曲线，比如遇到健康问题，多半是女性主导；遇到工作问题，多半是男性可以给予建议。

爱情中的尊重与独立，得靠两人一起建立。爱情没有标准，忍受到最后可能要忍辱。倘若两人发生了争执、意见不同时，到底谁要听谁？如果两个人个性都强，到底谁应该迁就谁？怎样才能有效说服恋人：

1.建立另一半对自己的信赖感。

2.凡事提供正确充分的信息，以利判断。

3.设身处地地为对方着想。

4.提供足够时间让对方思考。

5.语言用词恰当，不伤彼此。

38

逼婚

Do Not Do
50 Things In Love

男人天生怕结婚，就像女人天生爱美！谁不想要天长地久，但想到要负很多责任，大部分的男生直觉就是逃开……

爱上不该爱的人

"恋人相处久了，当初的激情不再，取代的是熟悉与习惯，日子开始归于平淡，结不结婚重要吗？"逼婚消息被女友爆开来后，Jacob面对朋友询问，他一致给了这样的反应。女友告诉Jacob自己还想要生小孩，超龄生子不方便，但是Jacob却不愿意。两人在结不结婚这件事情上有巨大的分歧，屡次出现摩擦，甚至还发生激烈争吵，女友大受刺激，情绪低落，几度大哭，两人分居，感情似乎已经走到不能再走的地步了。

Jacob与女友是在工作上邂逅认识的，两人有同样的艺术背景，周围的朋友也都是文艺工作者。两人交往一段时间后，彼此产生爱慕之情，很快坠入情网，然后同居。由于工作关系，Jacob很容易认识漂亮的女性，有几次让女友发怒，恋情一直纷纷扰扰，也曾经历多次的不和、分手，让朋友看得一头雾水，但是随着同居，恋情加深，女友对婚姻开始憧憬，希望Jacob多陪她，不希望别的女人趁虚而入。然而，一谈到结婚，Jacob就开始冷漠避讳，两人常为这件事吵架，女方觉得自己爱上了不该爱的人，既然没有结果，不如趁早放手。

结婚是双方面的事，外人永远看不清。Jacob有很清楚的认知，感觉现在不是时候，但是到底何时？他也没法保证。Jacob认为自己是个好情人、好男友，却不是个好丈夫。要他付出超过情人的部分是不可能的。他也希望女友收手，为自己着想，不要这样跟他耗一辈子，少输就是赢。

感情像赌钱，输钱时要赶紧收手，不要继续贪恋赌钱的快感与不切实际的幻想，再赌下去只会输得更惨。女方如果愿意坚强地重新面对，生活中或许少了爱，但是，至少不会再有伤害。

恋人如果有诚意继续走下去，会彼此沟通，互相订下时间表，或看看彼此到达哪个条件，何时能够结婚，这是负责任的表现与理想的沟通方式，让朋友家人都知道这段感情是认真的，不是在开空头支票！

中弹的婚姻

Zo跟现任男友交往快满5年，男友正思索该不该退出这段感情，却发现女友怀孕了。男友不想要小孩，Zo却不想伤害无辜的生命，也不希望宝宝出生后没有完整家庭，跟男友提议结婚。但是，怀孕无法扳回男友想要分手的局势。男友竟然要她自己想清楚，如果顺理成章把孩子生下来，他愿意一起照顾，但不要结婚，可以先登记母亲名下，以后长大再回归父亲。男友还再三提醒，该怎么做女友自己决定，但是将来不管遇到什么样的苦，都要记得是当初自己选的。

Zo离不开男友最主要的原因是"舍不得"，她总觉得人生能遇到这么心灵相契的人不容易，但是她没有看清楚，男友一直都是在跟她"耍花招"！什么事情都要女友吃闷亏摸摸鼻子自认倒霉。

一个人或许很孤单，两人在一起或许很快乐，但如果只能同享乐，不能共患难，爱上这样的人有何意义？

Zo应该要认清一件事情：她爱上了一个没有责任感的男人。一个会给Zo快乐，却同时带来危险的男生。万一Zo生下孩子，两人没有夫妻实质上的名义关系，对方可以说走就走，Zo呼天不应。如果对方是一个真心珍惜Zo的男人，不会舍得这样对女友。Zo把自己处于弱势，身心灵都受到极大的伤害。

爱情如毒品般吸了会快乐，但是后遗症和伤害也很大。快乐后独自面对后遗症和伤害，让人更辛苦。很多女性为了想结婚，花招百出：逼婚、同居、分手、利诱……奉子成婚应该是最后一步，走到这一步一定要考虑经济条件与环境。如果连这一步都无效，只好低头垂泪，放弃这段辛酸情路。

真爱密码

情人走在一起的最终目的就是承诺，修成正果。每个人都会想跟喜欢的人结婚，互相扶持，携手到老，谁愿意谈一场空欢喜的恋情？

如果年纪到了，双方交往稳定又相爱，可以有计划地规划下半辈子，这样的结婚是很甜蜜幸福的！但是有些人就是不愿意承诺，还想看看、再等等、再想想……不结婚的心态有几种可能：

1. 对自己没有自信。

2. 对感情没有信心。

3. 事业经济不稳固。

4. 还期待下一个会更好。

5. 太过理性思考，缺乏冲动。

6. 不敢负责任。

39

生活像白开水
Do Not Do
50 Things In Love

　　爱情构成的元素少不了激情、亲密感与承诺，还需要经常补给魅力与吸引力，如果爱情像白开水般少了强烈的铭印，恋情很容易大打折扣……

食之无味，弃之可惜

　　Doris的男友虽然外貌平庸，不很起眼，但各方面条件都还不错，跟他在一起是平凡的幸福，男友不抽烟、不喝酒、没有不良嗜好。以前母亲经常告诫她"水缸难照顾"，所以Doris选了这样一个普普的男生，其实Doris一直都是外贸协会一员，母亲的谆谆告诫压抑了她对英俊男生的向往。她也在心中告诉自己：淡淡的感情应该比较可以长久。

　　但是问题来了，愈是知道自己的弱点，弱点就愈是考验自己。就在Doris换新工作，办公室里出现了一位能言善道、相貌堂堂的型男。他风度翩翩、充满自信，吸引Doris，带给她情感上非常大的冲击。Doris的感情生活像白开水，男友每次约会都千篇一律，这位型男却很不一样，常有惊奇浪漫，他随便一个笑话都能逗Doris开心，虽然让人没有安定稳重的感觉，可是跟他在一起好像喝威士忌，会有酒醉的感觉。

就这样，男友的白开水式爱情，食之无味，弃之可惜……而办公室恋情教人心神向往，每天期待！Doris的迷恋隐藏着激情的元素，当爱情来临时几乎不可抵御，两人很快有了激情与亲密的关系。浪漫的爱只在乎曾经拥有，不在乎天长地久，虽然没有承诺，Doris还是放弃了白开水式的男友，投奔威士忌先生的怀抱！

爱情的发生可以很短暂，但是两性相处的历程却是很漫长。威士忌先生的香醇甜美，只能久久喝一次，每天都沉浸在其中会显得不够真实。尤其对方不够稳重坦白，经常与别的女生搞暧昧，当情欲激动过去，Doris才体会到母亲说的"水匠难照顾"，白开水式的幸福口味虽淡，但是较能长久，然而一切都太迟了！

爱情很难分辨谁是谁非，不能说Doris错了，她选了她喜爱的，只可惜对方不够珍爱她。白开水男也未必对，白开水淡而无味，虽然有益身体健康，但也真的会令人乏味，偶尔需要加一点不同的感觉。

如果桌上有杯白开水，还有杯百年香醇美酒，只要气氛佳时机对，任谁都会想要喝杯酒，白开水很快就会被取代，水可以天天喝，美酒千载难逢。在这个世界上，谁不希望得到幸福快乐？哪个女人不想当公主，嫁个俊帅多金的王子？也难怪Doris会陷入那段感情……

当爱情平淡如水，需要加点口味，制造一些小惊喜，培养属于恋人专有的爱情蜜汤。爱情是可以经营的，浪漫是可以制造的，外表是可以打扮的，风采是可以学习的！

白开水的安全感

　　爱情种子的萌芽，经常不是因为繁衍下一代，而是希望美丽的邂逅。恋情是怎样滋长的呢？是磁场相吸、感受到彼此的需求……在爱情的过程中，从来不会有压抑，爱情要顺着心意，甜蜜才能领受得到！

　　当爱情如酒汩汩酿出，太常喝会伤身，这时可以稀释，转化成淡酒，然后转化成水，从中喝出水的甘甜。有这样转换爱情的过程，是体悟了爱情的平淡就是福。

　　爱情当中需要安全感，也需要浪漫味，如果感情很好很稳定，偶尔放假时就要来点不一样的。遇到特别节日时可以精心设计，自己打扮得漂亮些，让自己高兴，别人看了舒服，偶尔可以准备特别的点心一起享用，偶尔一起去夜市吃小吃、分享阅读书籍或电影、一起散散步逛百货、特别煮一道菜，或者来个鸳鸯浴……让生活有些惊奇！

　　情人生活得充实，是因为两人都具有驾驭生活的能力，可以创造生活奇迹。情人生活得平庸，是因为彼此缺乏努力创意，以及改变的勇气！

真爱密码

说实在的，每个人对爱情都有幻想。等到进入爱情，发现完全不是自己所想。现实与想象中的差距，永远在恋人的心中拉锯，心中总会冒出千百个为什么。尤其发现爱情淡而无味，稀松平常，两个人在一起有时候比一个人还要孤单。

爱情变得乏味并不是爱情本身变质，而是恋人的心态改变了！失去甜蜜是恋人自己失去自信。如果愿意尽力去发现生活的美好，美好就会在身边，恋人的幸福要自己获得。

1.给微笑，微笑就在脸上。

2.给思考，思考就会带领头脑走向下一个路径。

3.给快乐，快乐就能感染身边的人。

4.给平稳，平稳就能维持恋情的平衡。

5.给浪漫，浪漫就会带动心的热度。

40

爱挑拨离间、讲是非八卦

Do Not Do
50 Things In Love

你期待怎样的恋人？爱挑拨讲八卦不会带来和谐，反而会造成负面伤害。良好品性胜过言语快感，思想偏差会让人悔不当初……

真心不可以随性

Betty很喜欢聊八卦，朋友聚会时总是聊得很起劲，男友对于讨论他人是非没什么兴趣，甚至觉得很无聊。他常常告诉Betty，与其花时间去说长道短，不如把这些时间用在阅读或吸收知识，就算是做点自己喜欢的事情也好。Betty觉得人生就是看别人笑话，每期的八卦杂志她都会买，看看别人的糗事会让自己心理平衡许多，男友抗议无效，有时听不下去只好离开聚会现场，到一旁休息等待。

Betty本来只聊影星八卦，后来连身边同事、朋友的糗事都开始聊了起来。有阵子，Betty还有群姐妹淘互相传递情报、散布小道消息，大伙当成茶余饭后的娱乐消遣，以Betty为中心，已经俨然形成一个四通八达的女狗仔圈，这个小圈圈知道很多事情。

最可怕的是，Betty连男友家的事情都当八卦来讲。有回与男友吵架，把男友家的八卦拿出来讲，一些有的没的家庭私事，全摊开来让姐妹淘知道。上至主管，下至部属，无一不是Betty八卦的好题材，久而久之，不但男友反感，连Betty的同事也渐渐疏离她。大家深怕自己被说三道四，况且Betty还会加上自己的意思，添枝加醋，把白的说成黑的，让办公室传言满天飞。

爱情需要真心真意，但是绝对不能把真心当随性。偶尔聊聊八卦或许只是为了时事闲嗑牙，当消遣娱乐的话题，若将之变成生活重心，错把娱乐当人生，不但造口业还损人不利己。Betty想透过贬低他人来抬升自我身价的伎俩，到头来惹得一身腥，祸从口出，连男友都吓跑了。

远离是非圈

恋人间的纷纷扰扰，很多是嘴巴惹的祸。恋人应该远离八卦是非，让两人世界清爽干净一些，如果让爱情里面存在太多负面能量，自然会衍生许多不实在的东西，八卦、流言、谎言……恋人要有强力的心脏抵御这些东西才行。

都说男人会讲很多甜言蜜语，把女人哄得团团转，其实女人讲是非八卦、挑拨离间的功力更不输男人。甜言蜜语可以是正向的，让女性内心感到甜蜜，八卦从来就是负面的，起心动念尽是坏念头。

Gary最不喜欢女友东家长西家短。那些八卦杂志所记载的，其实离他们的世界很远，女友却说得好像是隔壁邻居家发生的事。每个人在这个世界上都有自己的故事与发生的事情，只要能面对、接受、放下，外人实在不应该说什么。

大多数的男人都不希望把生活环境搞得很复杂，Gary尤其是喜欢安静的人，为了让自己和女友能够快乐地生活，那天他刻意板着脸，阻止女友继续八卦，女友却生疑，东猜西想，以为两人有了第三者，然后没事惹事，乱闹乱发飙，最后竟闹着要分手！Gary不明白女友为何对两人情感这么不相信，立场与态度如此不坚定，两人深度谈话才深刻了解，八卦对女友内心的毒害。

许多时候男人为了感情和睦，经常抱着多一事不如少一事的心态，顺着女友心意，让女友开心说八卦也无伤大雅，但是语言若超出极限，只会造成人与人之间的伤害，逞一时口舌之快，不但在心中留下深刻负面印象，也可能造成不可挽回的局面。每个人都有自己的性格，有自己的缺点和优点，但还是需要注意一下自己的一言一行，谨言慎行有其必要！

真爱密码

爱情是近朱者赤，近墨者黑。和恋人在一起久了，不知不觉许多习惯会互相影响，分不清你我。看周边的情人，多半都是气味相投才会走在一起。爱情让两人一起升华，也可以让两人一起入狱，全看恋人如何把关生活质量。

爱讲八卦虽不严重，但是恶语伤人，祸从口出。任何人的尊严都不应该被侵犯，无论是种族、信仰、性别、能力、贫富……还是高矮胖瘦，都不应该成为攻击诋毁八卦的目标。失去诚信正直是最大的损失，恋人在语言上的认知应该：

1. 非礼勿言。
2. 提升自己的修养，爱人者人恒爱之。
3. 不要失去微笑。
4. 腾出两人的心灵空间，让美好的事物进入。
5. 及时说"我爱你"，让对方感觉幸福！

唱衰爱情指数
100%

Part05
作真正的自己，让爱情天长地久

要让爱情更坚固，就要爱自己。一个连自己都不爱的人，很难相信能爱别人。只有当自己有信心和安全感的时候，才能感觉到别人对你的爱。爱的基础是互相吸引，圆满是彼此珍惜。想白头到老，就要对生活有共同的梦！

Do Not Do
50 Things In Love

41-50

快不快樂：
　幸不幸福？
　　只有自己知道……

Girl,
Be
Yourself!

拒绝沟通

Do Not Do
50 Things In Love

沟通是给彼此一个机会去理解两人的不同，也是一种态度去表达内心的真诚。观察一对恋人的沟通模式，可以精准预测恋情成功的可能性……

不知道对方在想什么

曾经，珊珊和小飞是同学钦羡的一对，但是不知道从什么时候开始，珊珊感觉小飞对她好像失去了感觉。她想问小飞是否有什么烦恼？但是小飞的个性是属于那种什么话都不想说出来，只会放在心里的人，完全无法理解他到底在想些什么。有几次，珊珊甚至好想跟小飞吵架，但是要怎样吵？连吵架大做文章的题目都没有。

小飞本来就不擅长沟通，家里最近发生了一些事情，他就算说出来好像也无法改变什么，也觉得没有必要说。关于珊珊的多疑，他没有心思去顾虑，劝她不要庸人自扰，两人在一起的时候，他常常想到家里的事情，所以比较少话……这才让珊珊误解。

其实只要是人，都需要沟通，沟通是人与人相处最需要培养的关系，也是最善意的互动。小飞从来就不学习与人沟通，每天闷着，不但内心孤寂，珊珊也陪着担心。爱一个人，对一个人好，本来就是天经地义，也是本能。小飞可以不用说出内心不想说的东西，但是应该疼惜珊珊，试着沟通。

与人沟通，要把握几个重点：首先，必须先示出善意。如果一开口没有好口气，双方就没有心情继续沟通下去。其次，要给予包容。当对方愿意沟通，另一方请耐心倾听，让对方把话讲完，千万不要打断对方的话，也不要立刻浇冷水，这些都会让沟通发生障碍。有些人以为沟通就是当头棒喝，让对方醒来或从云端摔下来，这样的沟通不但无效，还会造成内心生厌的反效果。沟通最好的态度就是给予关怀。

人不完美，爱情也是

　　Lee与Sandy交往一年多，最近却分手了。Sandy觉得两人一直都很快乐，两人住在一起半年多了，就像对夫妻，很快乐也很幸福。Sandy甚至相信这样的甜蜜会永远维系下去，下辈子还要当Lee的情人。

　　但是Lee快乐吗？某年某月某天，Lee写了一封信给Sandy，这是一封分手信。交往一年多，Lee从来没有写情书给Sandy，这回写了一封长长的信，却是分手信，信中表明希望Sandy先搬出去住，让两人都有些空间独立生活。信中有感谢，有矛盾，有感伤，感谢Sandy长时间以来的照顾与陪伴，对于分手表示矛盾与无奈，Lee晚上读补校，白天打工赚钱，一直怕女友怀孕会让经济出现问题。每次做完爱都内心交战、十分悔恨，感伤两人认识的时间不对，还太年轻不成熟，生活有许多需要调整的地方，继续下去也不能好好照顾彼此，几经思索，选择分手，希望Sandy可以理解……

　　看完信后，Sandy大哭，哭到累了、睡着、醒来又继续哭……Sandy不断想挽回这段感情，但是Lee心意坚决，不愿意再有任何牵绊，男友狠心地转身离开，留下Sandy一个人默默收拾东西……

　　爱情让人心碎！Sandy从来就不知道Lee内心承受了这些压力。爱情中可以无话不谈，为何男友之前都不说呢？说了让她想办法调整，不至于直接分手，让Sandy措手不及。

　　沟通非常重要，沟通是维持健康感情的方法，拒绝沟通会让感情上的裂痕愈来愈大，愈扩愈深，最后分裂！

真爱密码

人与人之间都需要互相了解，情人之间更应该互相体谅。两人世界搭起的桥梁就是沟通。放松心情、不刻意、不严肃的沟通，是传达心声的绝佳管道。

即使感情再好的情侣，对人生的价值观还是需要经常沟通的，包括爱情观、金钱观、教育观、工作观……每个人都会存有自己的想法。沟通的关键是将心比心，情人的沟通常常非理性、情绪化，你的沟通观念正确吗？

1.沟通需要时间。

2.真正的沟通，无论怎么起头，最后都应该达成一个共识：到达彼此互相体谅与了解的真正意义。

3.有时沟通不是一次就能达成目标，彼此要有继续沟通的意识。

4.沟通不是吵架，不是批判，需要心平气和，需要倾听。

5.沟通靠的不只是语言，需要谦逊、开放、分享的心态。

42

当我们同在一起不快乐

Do Not Do
50 Things In Love

爱在生活琐事中，但琐事很容易让情人不快乐。情人的快乐感来自内心深处的认同，不快乐的恋情如同破网捕鱼，最后只会空留余恨……

检视幸福

"是的，我不快乐。"Daniel抽烟，对我吐露心中的话，"我曾经很爱她，她也说过她很爱我。可是，不知道为什么，我们在一起并不快乐。"

Daniel说，两个人还太年轻，以为两情相悦就等于幸福。其实两个人有很多问题，他一直以为问题出在自己身上，是自己给的爱不够多，但是，当他在冷静思考后才发现：两个人根本就不适合！

与其说两个人相爱，不如说两个人都害怕彼此伤害。原来，喜欢上不适合自己的人，就算得到了，也不会快乐。Daniel说，我们总以为知道自己想要什么，可是原来，我们根本不够了解自己。

就像他的一位朋友迷恋跑车，其实对方根本没有驾照，从来没有开过跑车，家境也不富有，但是会去吸收各种跑车的车型知识，因为如此，他认识了很多有钱人朋友，在这些人面前赢得对跑车专业知识的掌声。但是，即使可以说得口沫横飞，又怎么样？可以把对跑车的热爱当作自己的兴趣，但如果每天巴望着要买哪一款哪一型，就是自讨苦吃。

Daniel也是很多年之后，才发现自己适合牛仔裤休闲打扮，之前却常常以为自己适合穿西装，结果花许多钱定做多套高级材质的西装，大多时间都是放在衣柜里舍不得穿，也没有适合的场合穿……装阔其实是把自己弄穷，想帅气却把自己弄丑。不适合的两个人硬要兜在一起，只是白白浪费时间。

Daniel说爱情让人想逃，他相信爱会让海枯、让石烂，天会因为爱而荒，地会因为爱而老。但是童话世界在面对现实世界之后，一切都显得具体而清晰，Daniel与女友两人之间的问题因为现实面而突显了出来。Daniel检视自己的爱情，感到"处处为难"，彼此都不太愿意付出。当恋人在一起不快乐，恋情的存在就出现了疑问。

什么都要一样

Karen不是长大以后才养成的独立性格，她从小就很有个性，自主性很高，很小的时候，就喜欢自己窝在房间做自己的事。她原本就是个十分有个人特色的独立女性。

但是不知道是怎么了，大概周围太多连体婴般的幸福情侣，Karen开始也渴望有个"像自己"的情人。然后她遇见了Ken，两人很快坠入情网。他们经常穿情侣装、吃东西的口味愈来愈像、两人几乎同进同出、Ken愈来愈迎合她的穿着品味，Karen也愈来愈学习他的说话方式……两人就如Karen所期望的，成了人人钦羡的"连体婴情侣"。

但是，形同鸳鸯真的就是如鸳鸯般恩爱吗？实际上不然。

某天Ken要赴朋友喜宴，Karen却想看电影。Ken说每次都是两人一起出现，尤其是婚宴场合，落单会非常奇怪。看电影是随时都可以，朋友婚宴只有一次，希望Karen一起出席。那天，Karen与Ken一起盛装赴宴，维持惯有的笑容，但是Karen的内心却明显感受到自己不快乐。到底为什么，她竟以为腻在一起的情侣才叫幸福？

陪伴是爱、占有是爱、掌握是爱……恋人所有的出发点都是因为爱，却被爱掐得喘不过气来。失去了自己，爱还存在吗？就算九成基因都相同的双胞胎，也有很不同的性格，更何况是来自不同环境的两个人。

后来，Karen希望彼此松开一点，Ken却已经习惯赖在一起，每次当Karen说要一个人独处时，Ken就会对着她大吼："你到底想怎样？"还能怎样？当两人在一起没有快乐，爱情连祝福都多余！

真爱密码

快乐是不用学的，也不用刻意去寻求。一个人的快乐，不要建构在他人的身上，否则对方一有让自己不如意的地方，快乐就不见了。快乐有很大的感染力，可以每天想一件快乐的事情，多多利用自己的快乐去影响恋人。

恋人是面镜子，自己才是镜子的主人。在爱情中，恋人可以截长补短，彼此互相努力成长：

1.情人不该是裹足不前的绊脚石，情人是两人成长的踏基石。

2.即使有情人相伴，也不要忘记每天跟自己的内心对话。

3.快乐的恋人多半有一致的目标。

4.快乐是相对的，有快乐的时候，一定也有不快乐的片刻，恋人需要调整取舍。

5.快不快乐未必与情人相关，快不快乐自己可以掌握。

43

在爱情中没有自己

Do Not Do
50 Things In Love

时间可以证明爱，爱情可以证明自己。但是在爱情中不能没有自己，没有自己的人，没有目标，没有动力！

被踩在地上也可以

彩云一向开朗、活泼、外向，没有人知道她的另一面，当她谈恋爱很难想象她是那种温柔、胆怯、没有自己的女生。

在工作上，彩云十足像个女强人，做事快又准，经常是老板的得力助手。但是在感情上似乎不是那么回事，彩云依赖感情的程度令人难以想象。

彩云的男友是做计算机产业，家世好、有品位，长得高高帅帅的。这么好的条件，很少有女生不被打动，光是自动倒贴上来的就不少，何况托人说媒的不在话下。在这种局面的威胁之下，彩云经常感到不安，生怕一个不小心，男友就会被抢走。原本不知道男方的家世背景，彩云与男友在一起，可以毫无顾忌地展现外向乐观的性格，自从男友带她回家见过对方家长之后，彩云大惊，原来男友所说的计算机产业，就是他家的产业，嫁入豪门当贵妇，这是她想都没有想过的事情，与男友在一起突然有"虚荣心"开始作祟。

因为对方家世背景雄厚，彩云也觉得自己好像是对方家庭的一分子，开始贵气起来，以前两人可以手拉着手，快快乐乐地过马路。后来彩云要求男友慢慢走，她心底觉得，要有有钱人的架势姿态，就算红灯秒数快到了也不用跑，好像全天下车子都得让，有钱人才有尊贵！男友并不明白她为何会有这样的转变。

彩云愈来愈矫情，男友开始感到不可思议，也不耐烦起来。彩云以为是自己做得不够好，她开始买名牌、穿戴珠宝首饰……还拉男友去参加百货公司派对，完全营造出上流社会的生活与气派。这一切，都不是男友要的，况且，男友家也不时兴这一套，对方家族强调老实诚信，稳扎稳打地在做生意。渐渐地，男友开始疏远她，表明希望分手。

分手的消息晴天霹雳，让彩云哭倒在男友怀中不能自己，全身颤抖，拜托、请求、好说歹说都没有用。正当男友一脚跨出大门，彩云扑地跪地，拉住男友大腿，完全失去尊严地苦苦哀求……

结局当然不会好。当一个人在爱情当中愿意失去自己到被踩在地上的程度，通常，另一半会以更狠心的速度加速转身离开。真正的爱不是富贵、权力、精明、美丽所能包装的。情人不能没有自己，完全的依赖会让人害怕，谁愿意背负着一个人的身心灵？爱情的前提是，必须先照顾好自己，然后有能力照顾对方，遇到挫折时，彼此相互照顾。

爱人之前先爱自己

幸不幸福，自己可以感觉。恋人内心最清楚自己的爱情，别人无法理解也不能评断，爱情也不关别人的事情，想跟谁在一起是自己的权利。在爱情中唯有自己知道谁最适合自己，这就像选一双鞋，样式时髦美丽，穿起来却可能磨破脚皮起泡流血，不如找双穿起来舒服的鞋。爱和选鞋子一样，合不合脚最重要，如果为了要合脚而削足适履，真是本末倒置。

爱并不会因为失去自己而更好。失去自己与"无私且不求回报的付出"不一样。付出是付出，不求回报是不求回报，能够付出不求回报是爱的最高境界，但不代表要失去自己。

付出不求回报的情人，若看见对方有更好的机会，会懂得放手，凡事为对方着想。失去自己的情人却经常是紧抓住爱情不放，非让对方跟着自己不可。

爱一个人，不要问自己："我哪里不好？"

要问自己："我有什么好？能够给对方什么？"

当情人的想法改变，爱情的质感就能改变。

真爱密码

在这个世界上，每个人都是独立的个体。一个人呱呱坠地，也将一个人单独离开，所不同的是，在过程中，我们可以制造许多生命的惊奇、喜悦、美好记忆。而这些创造，都来自个人的信心。

喜欢一个人是没有理由的，感情事连自己都难以分析得十分透彻。但是爱情是自己的，自己要怎样的爱情自己最清楚，情感不是外人可以体会的。爱人之前，请学会先爱自己，对自己要有正面的想法：

1.凡事乐观。

2.相信自己可以成功。

3.对自己的选择要慎重。

4.知错能改，只要不重复同样的错误。

5.让自己的缺点转化成优点。

6.诚实面对自己。

44

恼羞成怒，动手动脚

Do Not Do
50 Things In Love

爱情可以打打闹闹当有趣，不过来真的就太恐怖了！动手的人跟被打的人都说自己是对的，拳打脚踢的爱情，难道是一个愿打一个愿挨？

打人者猪狗不如

Nina把她的感情包装得很美丽。她和男友Jeff不管在人前或人后好像都非常恩爱，两人浓情蜜意，甜言蜜语表露无遗。有一年流行情侣档组团出国旅游，Nina召集好多对情侣共搭爱之船，远洋东南亚。在爱之船的甲板前，诗情画意的，好像泰坦尼克号翻版，俊男美女让其他情侣、朋友，甚至外国人都钦羡不已。

但实际上，Nina知道自己的爱情一点儿也不美好。她包装着一层糖衣，只是为了顾面子。常常朋友聚会人去楼空之后，杯盘狼藉的餐碗，Nina得一个一个收拾脏乱。Jeff经常是倒头就睡，不省人事。有时候两人不开心，Jeff会大吼大闹，Nina如果闪躲，Jeff会把她抓出来，逼着要她认错，甚至拳打脚踢。

两人爱情长跑12年，其他情侣都结婚了，Nina却还在原地打转。直到Nina吐露真相，让其他朋友吃了一惊，也产生怀疑，Jeff实在看不出来是那样的人。没多久，Nina怀孕了，打电话向朋友求救，Jeff动粗竟然踢了她一脚，Nina感觉到胎儿在动，下体出血……朋友赶过去时发现她脸伤淤青得不像话，手臂也有抓痕，Jeff未免太离谱，女友怀孕还打，真是猪狗不如的男人。

幸好及时送医院才保住宝宝，安胎一住半个月，家人朋友轮流照顾Nina，Jeff请求原谅。能原谅吗？爱情已经不在。如果真爱一个人，怎么会不爱护对方的身体与两人共有的生命？

爱会从一拳一脚中消失

爱情不是谈了就一定要个结果，如果结果是自己不能接受的，可以选择不要。那天下午，同事都看见Victoria戴着大墨镜上班。当她拿下墨镜，众人惊呼，那是多么残酷的画面：眼角一大片黑青！Victoria自己都不相信这个情景会发生在她自己身上，她去警局验了伤，告男友伤害罪，她无法选择不面对，爱情不能就这样依着伤害的剧本照走。拳打脚踢的爱情会快乐吗？会幸福吗？不可能的，当情人选择用这种方式爱人的时候，也选择了分手。爱会在一拳一脚中消失，每一击都是一次心碎。

Victoria在警局做笔录时，嘴角还汩汩流出血……她怎么也没想到，男友会把她当出气筒、拳击包打，父母亲知道一定心疼不已。这段爱情让她受尽委屈，不是一句道歉就可以，她要告男友伤害罪并且索求赔偿，用法律制裁对方，也希望法律保护她尽早脱离魔掌。

都说爱情会上瘾，有一种爱会爱到连自我都没有，总是委曲求全讨好对方，这类型的人都说自己总是遇人不淑，其实是自己"专挑对自己不好的人"谈恋爱。

Vince看似多金又多情，是个好情人，他追女孩喜欢摆阔，在他内心深处，其实很瞧不起自己所追的女人。因为他总是这样认为：天底下没有砸钱追不到手的女人，所以从来不觉得需要珍惜。Joan就是这样一个被他追到手的猎物。

Joan与Vince的认识是在某夜店，两人在一起后，Vince为Joan偿还了卡债。在爱情里，金钱的付出如果不成比例，很自然就会造成受有钱一方支配的不对等关系。Joan内心被"报恩逻辑"所制约，Vince认为女友是用钱换回来的物质，这两人的心态都很扭曲，变成情人，一再上演一个愿打、一个愿挨的苦情戏码。

爱情是互相的，若有一方不断付出，另外一方不断接受，两方无法有对等的关系，长久下来，这段关系一定会崩解。有人会爱上吃软饭的男生，有人会不断忍受拳打脚踢，有人会在爱情中不断被利用……因为内心深处"强烈渴求爱"，只要对方甜言蜜语几句，自己马上心软，所以痛苦不断重复、循环。

女人应该放聪明些，小心落入爱情的魔掌，让人践踏！

真爱密码

从小到大我们受的教育，无非是要做诚实正直的人。品格修养是第一要追求的，没有好的品行，很容易偏离道路，走错道路，各种光怪陆离的事情就接踵而来。

在爱情的路上，永远需要有温暖的力量。拳头会荒废人性，击碎恋情，成为笑柄！立志当个好情人：

1.再生气也不能动粗。

2.认清自己有着什么样的情感。

3.爱情可以浪漫想象，却时时要用理智分析。

4.把微笑、和平当成爱的基础。

45

三餐不温饱

Do Not Do
50 Things In Love

如果连生存的机会都没有，哪来浪漫爱情甜言蜜语？爱情与面包孰重孰轻，要看你喜欢吃白吐司还是顶极面包，但是三餐都吃白吐司肯定是不行的！

人生无处不交易？

毓真认为"找一份好工作，不如找一个有钱的老公"。大学毕业后，她不是忙着找工作，而是先报名一种奇特的课程——"嫁入豪门做贵妇"。

要上这堂课之前要调查家世背景，有钱家的女孩不能上，完全是针对贫苦中低阶层的女孩所开设的课程。因为她们心理有物质上的缺憾，比较能吸收老师的上课精髓。上课的唯一目标就是要让自己的未来"衣食无忧"。

毓真学习到的：人生无处不交易。爱情，也可交易。对方能提供衣食无忧的生活，你就能隐藏自己内心深处的感受。当然，老师也提到"自古豪门多怨妇"，因为做了这种选择，等于跟魔鬼做交易，就像小美人鱼失去声带换了双腿，总要付出代价。做了贵妇要明白，一旦转为怨妇，不能后悔自己当初的决定。

毓真曾经体悟过爱情的寒酸与不堪。那时她与男友身上几乎都没有钱，中午肚子咕噜咕噜叫，男友甚至怂恿她抢超市，幸好她没有照做，某天男友果然动了念头冒险抢劫，一下子就进了牢房。这次的感情经验让毓真非常清楚，没有面包基础的爱情，是不会长久的。

男友进牢房之后，毓真伤心了好久，她很爱男友，男友人其实并不坏，只是两人家庭背景都很糟。她从小在孤儿院长大，男友从小被阿嬷养大，两人都饱受世态炎凉的煎熬，都必须靠自己求生存。毓真曾被男友感动，但是相爱至深的两人，还是会为了柴米油盐争吵不休，她体悟到"贫贱夫妻百事哀"。男友进牢房后，她下决心打工念书，完成大学学业。

爱情属于精神范围，面包属于物质范围，恋人需要爱情也要面包，两者必须平衡，不是极端地只拥有一端。尽管金钱不是万能，但是没有钱真的万万不能，恋人如果连三餐都不温饱，哪来心情谈情说爱？求生存都来不及！每个人的个性及命运决定了自己对爱情的选择，没有人有理由嘲笑任何人的选择，只要相信自己是幸福的，每一种选择都是好的。

情比金更坚?

Jennie真的很爱看韩剧。韩剧的爱情有着唯美、浪漫、温馨……给观众无限的想象力。剧中没有琐碎、庸俗、势利的现实压力，有的是不顾父母的强烈反对，不顾世俗的眼光，就算飞蛾扑火，也要执著追求自己理想中的爱情。Jennie幻想着自己也有超浪漫的邂逅，期盼着白马王子的出现，丝毫不愿意面对生活的真实面，终日活在幻想的世界里，一转眼就到了32岁的适婚年龄。

Jennie有个青梅竹马的女性朋友Linda，她对Jennie满脑子的浪漫情怀很不以为然，常笑她被过度美化包装的韩剧催眠，不好好面对现实，所以32岁了还嫁不掉，其实Linda也没有结婚。

　　截然不同的个性带给两人截然不同的命运。Linda有个经常会拿爸妈钱花用在女友身上的小开男友。Linda看待面包比爱情重要很多。但因为不是自己的钱，存也存不下来。常常就是这么一两千开销在吃喝玩乐上，到头来还是荷包空空、一无所有。

　　面包与爱情的轻重，永远是备受争议的话题，没有人能有充分的理由，得出对的结论。唯一可以确认的是，当"没有生存危机"出现时，所有人都无法做出选择面包的理由，毕竟情比金坚，这个爱情真谛，考验着现代男女的智慧。

真爱密码

爱一个人之前，请先好好爱自己。恋人只有先各自照顾好自己，两人在一起才有互相照顾的能力。爱情和面包，是亘古不变的话题，从来就没有一个定论。爱情贵在真诚付出，但至诚的感情，抵不过衣食匮乏、三餐不继。

爱情不可能架构在空洞之上，有一定经济基础才能决定其他层面的发展。恋人面对爱情与面包的两难局面，千万记得：

1. 节衣缩食才能带来锦衣玉食。
2. 不要因为浪漫的爱情幻想而虚度了人生。
3. 面包与爱情没有对错，只是每个人所追求的选择不同。
4. 爱情有长有短，如同面包有大小有贵贱，取舍之间，是一种智慧与锻炼。
5. 不管手中面包多大多小，一定要以爱情做馅。

46

哭闹断肠的折磨

Do Not Do
50 Things In Love

当情人不敢面对、不能接受，只能像个婴儿哇哇大哭。面对挫折没有那么恐怖，失去爱情没有这样痛苦。哭闹断肠的爱情，只会加速让爱情消失……

哭闹有糖吃

贵美觉得自己和男友已经到了应该步入"人生下一阶段"的最佳火候，但是男方却迟迟不肯提亲。当贵美给男友施压下最后通牒的时候，男友却提出分手。怎么会这样？这是贵美没有想过的结局，她不能低声下气要男友回心转意，她只是一哭二闹三上吊，而且招招都是来真的，最后人躺在加护病房里。

贵美的男友吓死了。他终于在病房下跪求婚，他不能让女友因此失去生命。贵美说："以前他跟我说死也要绑在一起，那天他却说不要我了，我心想，既然你不要我了，我就去死吧！"

爱情会让人盲目，哭闹也许有糖吃，但是贵美这样激烈的手段，可能一下子就没了性命。爱情不是谁先切腹自杀，谁就是赢家。威胁或许可以达成目的，但是未必能获得幸福的爱情。贵美结婚不到一年就离婚了。

　　当情人意见不合时，冷静最重要。贵美可以请男友说出不想结婚的理由。如果对方的理由合理，先暂时接受，再等一段时间看看。如果对方的理由不合理，贵美可以选择分手，不需要再拖磨下去。

　　现代女性要有自信，既然经济独立，也要培养相对的气度，女生绝对可以不哭、不闹、不上吊，却仍然可以继续享受被爱、被宠、被追求的感觉。

爱的气氛，是会让人感受到的

　　为强经常以加班做借口，尽量减少与女友的约会。"何必天天约见面？一周两次就够了啊！"他这么对女友说，女友满脸不悦。其实为强一直不敢面对自己，怕说出来会让女友伤心难过。他与办公室女同事已经同居，并且对方怀了孩子。

　　不敢说出真相是怕对方难过，但这往往是伤害最深的烂借口。等女友知道的时候，为强即将举行婚礼。女友在男友结婚当日到婚礼现场闹，痛斥男友的不负责任行径，闹场之后，当场拿起酒瓶往新郎头上砸，又朝自己手腕割，一场婚礼变成紧急救护，在场嘉宾全傻住了。

　　爱情会变质的，爱情会因着人的变化、阅历的变化、环境的变化、生活的变化……发生很多很多的改变，爱情有可能今天甜如蜜，明天醒来一场空。

　　为强如果不是隐藏得太好、伪装得太好，就是女友太信任，没有发现异样与改变。爱的气氛，是会让人感受到的。爱情发生变化，是悲剧，但不是绝路。离开，不是结束，反而是一种开始。

　　有自己爱的人，是一种幸福，一种快乐。但是如果对方不爱自己，一切就只是过程，经历这一切就会有所成长。爱情只能学习体会，不能计算得失。这个世界上恋人出轨、外遇、偷情……不道德的事情一堆，逢场作戏的大有人在，专情如一的也所在多有……哭闹自杀不是理智的做法，传递出来的，只是"不甘心"三个字。

爱是慈恩，爱是包容，爱是责任，没有了爱，就请选择离开，离开至少先断了情缘，然后试着让自己一步步走出阴霾，让阳光再照进来。

Peggy当初面对情变，没有哭闹，异常冷静。她曾经有一段轰轰烈烈的爱情梦，只是爱情来得快去得也快，两人相遇时干柴烈火，燃烧后失魂欲死。当时她太高估两人的未来，以为甜蜜可以无限上纲，但是她很快调整步伐，她说："少了他，生活里好像少了什么东西，但是我就是赶紧去填补这一块，不是靠交新男友，而是尽量安排课程，充实自己的生活，也拓展一些人际关系。"

Peggy说，世界是美好的，看到许多人还在受苦，不管是受生病之苦、贫穷之苦、失去亲人之苦……这世间有这么多苦，自己怎么会为了爱情而轻易结束美好的生命！

真爱密码

　　爱情是安稳中藏着危险。天下最好的治疗者是自己的爱人，最恐怖的杀手是自己的情人。爱情很难设防，但是会吵、会哭、会闹、会威胁的女生，会在背后藏着一把刀，让情人腹背受敌，也让自己陷入危险。

　　面对不如意的事情，哭闹是一种发泄，但是发泄的方法很多，不一定非采取哭闹上吊的模式。很多时候，情人要学习如何化解心中的悲伤，勇于承受承担有时也是一种美德，好的处理方式，也许会出其不意地让恋人珍惜感恩。

爱哭闹的情人应该学着：

1. 以理性取代无理取闹，这样更能得到另一半的肯定。
2. 透视自己哭闹的原因，与自己沟通。
3. 不要害怕选错伴侣，错了可以放弃再来。
4. 抬头挺胸深呼吸，要对自己有自信。
5. 每天大声告诉自己，我很爱很爱我自己。

47

不懂得应变爱情危机

Do Not Do
50 Things In Love

大多数人处理爱情危机的能力是零，可能还弄巧成拙。但是有自信的人，就算爱情垮了也面不改色，反而懂得给双方自由，并相信自己一定可以唤回对方的心……

多一分冷静就多得一分

力美是高三的学生，在一次联谊中认识一位大学生，两人相约出去玩，一开始很愉快，话多得说不完，但是，才过了个寒假，两人的感情就变调了。

力美开始冷淡，不接男友电话，也不回短信。当初她对男友说要考上同一所学校，那时男友听了很开心，每逢假日陪她上图书馆，一起用功、一起欢笑。男友平常就兼高中生的家教，对力美的课业一直很注意。但是现在一切都是问号。

其实问题不在力美，而在女方的家人。力美的妈妈反对她太早交男朋友。

既然还是学生，首要之务就是先把书念好，感情的事情以后再说。况且，等力美考上了大学两人再交往也不迟。力美把母亲的话放在心里想了几天，决定听母亲的话，所以对男友冷淡起来。

有些人面对爱情危机时面不改色，相信自己一定可以唤回对方的心。力美的男友就属于这一型。他冷静思考，认为力美母亲的做法很对，将心比心，谁不希望自己的女儿可以好好念完书再谈恋爱。他就等了一年，这一年当中，他仍勤奋传短信、写E-mail给力美。力美刚开始冷漠以对，后来只要是心情不佳时，就会回信，无形中将对方当成内心的支柱。

遭遇爱情危机时的处理态度，最好是先将自己的情绪隐藏起来。让自己冷静、冷静、再冷静。慢慢观察另一半的问题在哪儿，然后针对问题的核心处理。缺乏冷静就冲动地去处理危机，经常是火上浇油，弄巧成拙。面对爱情危机时，一定要为对方多考虑一下，很可能只是一个小动作，就可以挽回爱情，使自己的情路更加平坦牢固。

Alice天生神经大条，或者应该说是天真，总无法察觉到爱情的危机，一遇到感情挫折，马上就被一举攻破。当男友劈腿时她没反应，直到男友的新女友都找上她了，才恍然大悟。

Alice处理感情危机的方式简直让人咋舌，她与男友谈赔偿费，这件事让男友感觉到爱情真廉价，一脚把她踢到天边远。两个没有婚姻关系的人，要赔偿费或分手费很不合理。对方既不多金又无社会地位，怎么可能会接受分手费的要挟？就算想要对方弥补自己在感情当中受伤的程度，也该衡量对方是什么样的人。况且，Alice的男友根本不认为爱情可以用金钱来弥补。

放宽心去面对

　　有些情人很老实却很固执己见，在爱情中一丝不苟。这种人面对爱情危机很容易让自己钻进死角，将自己推入地狱。如果可以让自己先放宽心，主动与对方沟通，至少不会莫名其妙中内伤，独自伤心流泪。挽救爱情危机的方式，可以不要什么事都看得那么重，有时候真的就是得"放轻松"。

　　Clare很没有安全感，与男友两人愈来愈疏离。当男友决定暂时抛下工作出国进修，两人的爱情危机升到最高点。远距爱情让她更没有安全感，为了挽救爱情，她即刻跟上男友步伐，两人一起准备托福考，双双出国进修。出国之后，Clare照顾男友的心情也让男友十分感动，两人因为异国的陌生环境反而感情更加紧密。

　　当爱情变得死板，可能会让情人觉得不在乎彼此，也会让人越来越缺乏改变现状的勇气。危机就是转机，Clare没有安全感的原因是两人聚少离多，却因为同时出国进修，又选择同一所学校，两人在一起的时间反而是以前的好几倍，可以紧紧相依偎，出国进修倒是解决了Clare感情的困境。这个结果是Clare始料未及的，幸好她没有激动地责怪男友丢下她，也幸好她多想了几天，让自己放轻松，做出了正确的决定。

真爱密码

爱情需要智慧，尤其遇到爱情危机，更需要冷静。虽然说爱情不要强求，该是自己的就是自己的，不该是自己的就不会是自己的。但是当爱情发生危机，还是需要积极应对，不是说要不择手段地把这段爱情给要回来，要回来的爱很廉价。如果能把自己的条件提升到情人想爱都还来不及，在爱情中才能立于不败之地。

面对爱情危机三心法：

1.平心静气，稳稳地去看待爱情，对方如果只是暧昧小插曲，不要有太大的反应，只需要轻描淡写地说，自己相信彼此的感情，并且不经意地表达出自己信任的底线。

2.如果想捍卫自己的爱情，请让对方看到你的用心。

3.跌破大家眼镜，让别人对自己眼睛为之一亮。坚定自己，就算没有爱情，至少还有自己。

48

我的生命中不能没有你
Do Not Do
50 Things In Love

情人喜欢分享，但情人不用连同生命都交给对方。拿命抗议，已经不是爱情，是一种报复手段与沉重负担……

不要害怕失去

世勤是个很优秀的男孩，他从小就成绩优异，几乎是保送台湾大学。但是却在大三那年跳楼身亡。世勤的父母老泪纵横，白发人送黑发人，内心非常悲恸。世勤的死因很简单，女友移情别恋。父母辛苦把他养大，他却因为一个女孩连命都可以不要了，老父老母保留着他的房间，每天用餐时都留着他的碗筷，内心的沉痛不可言说。

父母整理遗物时，发现女友写给世勤的情书："我每天都期待着你的爱，怕你被别人抢走，每天想着你，想着你现在正在做什么。我的生命不能没有你，我会永永远远爱你……"

母亲读完信，哭天抢地地咆哮："傻孩子，你被骗了！你为什么就这么相信别人啊！"

悲剧发生后，世勤的女友很震惊、很内疚、很后悔，然而几个月后，好像事过境迁，自责变淡了，反而痛恨生厌，企图遗忘这段悲惨爱情。逝者已矣！活着的人还要继续走下去，时间一久，很多记忆都变得合理化，那些原来责怪世勤女友的朋友也反过来同情女方，认为"世勤真是够狠的，用这种手段报复女友，伤害父母……"甚至认为像世勤这种"不定时炸弹"的偏激个性，两人就算在一起也不会幸福。

真相已经模糊，随着时间过去，很多事情都说不清楚，人都死了，再说清楚也没有意义。情人不要一头栽进爱情的想象里，假如生命没有对方，或许身心憔悴，灵魂没有方向，或许一时抬不起脚、迈不开步……但是只要不害怕失去，任何东西都可以从头再来。

幸福时光不是片刻，一生的幸福需要等待，需要慢慢去追寻。生命只有一次，而爱情可以谈很多次。不要对情人说："没有你我也活不下去。"心中有爱的人都能感到生命的珍贵，没有人希望被威胁，为爱自杀，这样的道德责任太沉重。

世勤连死都不怕了，还有什么好怕的呢？失恋总是可以走出来的，他却选择轻易结束生命，留下老父老母一生悲凄。生命的价值不是可以得到多少，而是可以为人付出多少。世上比世勤遭遇悲哀痛苦的人到处都是，人只要活着就还有希望，怎样扭转人生，掌握在自己的手里。

车到山前必有路

有人一出生就没有父母，有人一出生四肢不全……这世界不公平的事情很多。失恋值得同情，但如果死缠烂打硬要和对方在一起，这样的恋情是一种悲哀。恋人为了在对方心中占有一席之地，甜言蜜语说我的生命中不能没有你，热恋时听来顺耳贴心，分手时听来恐怖至极。其实情人说穿了，只是两个陌生人因为相爱而在一起，论血缘没有血缘关系，为什么要把关系拉得这样密不通风？

每个人都是独立个体，凡事本来就必须靠自己。况且已经是成年人了，做事情应该多方顾虑，不是只想到自己。芳琦与妹妹、母亲三人相依为命，大一时母亲癌症骤逝，她不仅要养活自己，还要供给妹妹念完高中，扛下母亲医疗负债以及所有的家庭开销。母亲过世后，她和妹妹曾有轻生念头，想起母亲临终遗言，还是选择好好活着。

芳琦曾经有个论及婚嫁的男友，因为芳琦的家累太重而离开她，这件事让芳琦几乎无法活下去。但是母亲临终交代她要照顾好妹妹，她只有忍住悲伤，每天学习正向思考，先把生活稳定下来，完全无暇放心思在感情上。

几年后，芳琦经济状况愈来愈好了，妹妹也毕业找了一份好工作，家境愈来愈好，两姐妹也找到如意郎君。

人在遇到挫折时，就是要乐观思考，车到山前必有路，就算没路也要走出一条路。最重要的是，自己不能遗弃自己，生命是很可贵的，能够撑过，幸福就可以靠自己再去争取。在爱情的路上，千万不要说我的生命不能没有你！就算没有你，也还有自己！

真爱密码

　　每个孩子都是父母所生，身体发肤受之父母，不敢毁伤。情人习惯犯一种毛病：只看爱情，什么都不顾。飞蛾扑火的爱情，其实没有自己想象的这样美丽，不需要如此用力去爱。把爱情看成人生中的小事，轻松以对，会发现爱情可以轻易得来，只是自己要不要、想不想。要寻觅自己的另一半，多释放机会就不难。

　　人身难得，能够积极奉献、自利利人，才是人生的价值。爱情又算什么呢？恋人总喜欢把自己镶进别人的生命里，这是一种不负责又孬种的行径！

　　　恋人的心要更坚强，请坚守坚强三部曲：

　　　1.生老病死，谁也不能免，时间到了自然就会离去，一点都不用急！
　　　2.找出自己的一片天，比依赖爱人更有成就，也更有意义。
　　　3.为了自己而活，发展自己的抱负，追求自己的理想，成为自己想要成为的人。

49

信任不再

Do Not Do
50 Things In Love

　　一朝被蛇咬，十年怕井绳！在爱情中，最大的问题是"不信任"。如果能够赢回信任感，很多问题就不是问题。如果没有信任感，分手的疑云永远存在……

伤害可能一辈子都在

　　香香的感情世界有点复杂。香香是第三者，他的男友当初为了气女友，故意跟香香亲近，结果弄假成真，香香真的抢到了这个男友。但是当男友的前女友愿意放弃感情，给予祝福时，香香的男友竟然感到失望落寞。

　　香香很气男友为何这样不专情，却又不敢跟男友发飙，因为这段感情得来不易。男友与前女友分手不久后，香香看了男友的手机短信，发现两人还藕断丝连，男友说只是普通朋友，香香却发现男友口袋的旅馆发票，知道男友还瞒着她与前女友发生亲密关系，香香不愿戳破男友的谎言，表面上好像一切都没有改变，但是对男友已经不再信任了。

她一直很害怕放大自己内心的想法，因为她原本就知道，自己只是男友的一个利用工具，男友利用香香来气前女友，充其量她只不过是个牺牲品。

被伤害的心灵，那道疤痕永远都会存在。香香经历过一次不愉快的上当经验，对后来的爱情也总怀着不信任感。都说感情要互相信任，学会信任何其艰难？怀疑是恋爱中经常会出现的过程，是男女双方都应该学习的爱情学分。但是只靠一人的力量，是无法排除心中的不信任感。透过沟通找出可以让自己感到信任的相处方式，还可以借机观察男友对自己有多在乎。

先了解对方，才能得到对方

要得到情人的心，一定要先了解情人。了解情人的性格、了解情人在想什么、了解情人的好恶是什么……一个人值不值得去爱，要观察对方久一点，如果对方经常说谎，应该是不用考虑，可以马上放弃。

如果彼此信任，其实也不需偷看对方的手机短信，这不是一个明智的动作，对自己、对恋情没有任何帮助。如果知道或发现了什么，只会加速自己更多的痛苦；如果没有发现什么还会让男友不高兴。除非想要分手，要找证据，不然不需要做这些事情。就算内心不安，偷看短信之类的事也千万不能让男友知道，这会让对方产生不信任感，觉得自己像犯人一样被调查，心里不舒服。

感情这门学问很深，如果能让情人很自由自在地飞，飞累了，又能回到自己的身边最好，当他再飞回你身边，你就是爱情的赢家！

爱情当中的信任感不在对方身上，可以掌握在自己手里。把主权抓回自己，让自己变美、变自信、更有内涵，对方想不盯住自己都不行。恋人应该善待自己，对自己好，你会发现，当你喜爱自己，别人看自己的角度也会不一样。要让情人离不开你，其实是一件很容易的事。

爱情放大镜

现代男女恋情开放自主，很多情感隐藏不少谍对谍的计谋。荷玲一个人就劈了三男，在三个交往的对象当中做比较，看谁对她最好。这三个男生也不是省油的灯，各自都有盘算，看哪个女孩适合自己。爱情，有时是一种双方营造出的气氛，多接触，自然会发现对方和自己共同或不同的特质。

荷玲从三个男生当中发现，她最欣赏David，但是不小心从David的朋友中发现，David有个红粉知己。David常常心情不佳就会打手机或上线找他的红粉知己诉苦。荷玲仔细想想，觉得这会是这段感情里最大的阻碍，她相信David和那个女生一定暧昧过、拍拖过，毕竟他们认识的时间比荷玲还要久。

David其实是喜欢荷玲的，但是他也放不下认识几年的红粉知己，三方都没有明确表达自己的感情，大搞暧昧，各自劈来劈去，始终存着不信任的心态。

不敢去爱是因为怕受伤害。在爱情当中拿着放大镜的人，不一定会挑选到最对的爱人，站在门外不买票，怎么看得到电影？爱情，需要大声说，需要勇敢爱，需要彼此的信任、尊重、关心，不是距离的问题，也不是金钱的问题，根本不用害怕。爱他就要信任他，爱情的道理其实很简单。

真爱密码

　　要建立情人之间的信任感，得从生活一点一滴做起。诚信是个人的形象价值，也是别人对你的尊重。一个不诚信的人，许多事情都不在乎，自己不在乎，别人当然也不在乎。

　　谈恋爱并不是就要托付终身，所以刚开始不用太紧张，但是谈恋爱最终会走入正轨，认真当一回事。恋爱中的情人如果言行不一，表示对方的话一点儿都不值得尊重，不需要用心听，毫无重量的话，没有意义，爱情也很难继续。

恋人不能天马行空，需要树立信任感：

　　1.不论在哪里，都报给情人知，让情人随时放心。

　　2.对于自己的私事，不吝分享。

　　3.言而有信，说到做到。

　　4.把对方的话当一回事。

　　5.对情人尽情信任，毫无怀疑。

　　你敢这么做，爱情就敢追随你！

50

有了小三

Do Not Do
50 Things In Love

　　爱情是两人共同打造的乐园，需要两人努力维系。情侣很容易忘记当初相爱的感觉，所以当小三插足，风雨满楼，爱让人心情飘摇不定……

留不住爱情

　　翠羽和男朋友交往两年了，几个月前，男友向她坦承，喜欢上一个女孩，对方也跟他告白。翠羽与男友沟通，男友答应会跟对方结束，却发现对方紧追不舍，还主动送男友东西。翠羽不知道该怎么办，心里非常难受，她一直想挽回男友的心。

　　没有婚姻约定前，爱情可以有各种选择权。朋友劝翠羽坚强些，试着打扮漂亮些，提升自己的魅力，不要被比下去，输给了小狐狸。朋友的安慰，让翠羽稍稍宽了心，她在心里想，也许男友只是觉得对方有新鲜感，或许过了一阵子，新鲜感消失了，男友也就回来了！是这样吗？

朋友的话毕竟只是安慰之语，翠羽的想法也只是一相情愿。爱情不是说要留住就能留住的。就算强留下来，也留不住心。三人行的爱情太拥挤，小三一旦出现，总有一方会被逼出去。翠羽试着调整自己的状况，博得男友的珍惜，然而事情好像不尽如意，第三者来势汹汹，翠羽的心里很不是滋味，男友的保证如儿戏，要切断的恋情似断未断，让她非常伤心。

爱情中有第三者，等于宣告两人的世界没有围篱。当情人开了城门，让第三者进入两人世界，其实就已经制造了"破坏"。这时候，不妨两个人都静下心来虚心检讨，是翠羽的男友太花心不满足，还是两人之间有问题？第三者出现，最重要的是看当事者的心态，感情不能勉强，如果不能试着解决问题，不如就和平、理性地分手。

请用微笑面对一切

爱情是很难断然割舍的。翠羽想了好久，不希望自己活在猜忌的日子里，于是很勇敢地断了这段感情。她选择"成全"，也选择"原谅"。被背叛的感觉很痛苦，但是要男友勉强跟自己在一起也很痛苦。分手之后，情况却有了小小的改变。男友会隔三差五地打电话给翠羽，像过去一样关心她。翠羽的一颗心悬在空中，猜测男友是不是想复合？探清楚男友心意后，最后她狠下心不再接男友电话。爱情中不能有怜悯。一个已经变心的人，再与他有任何纠缠只是让自己伤心。

很多情人都遇到过第三者的问题，第三者以狐狸之姿、掠夺之势出现，总是把正宫打得落花流水，的确很困扰人。爱情能够约法三章，确保不会有第三者出现吗？爱情可以要求情人永远不对他人动心吗？不行。每个人每天都会遇到很多人事物，没有人可以知道自己的心思何时会转变，也没有人可以控制别人的思想不让它发生变化。爱情是一个磁场，只能吸引，不能捆绑。

当爱情出现劈腿、小三，可以生气，但是需要讲理。可以拒绝当滥好人，但是态度一定要软、口气一定要硬。直接表明自己无法成为"三合一随身包"，不容许自己遭到欺骗。大胆要求对方维持两人恋情，邀请对方同心协力一起努力，然后给予时间，看对方的做法做最后的决定。爱情是感性出发，理性维持。爱情是互相的，每个人都有不完美的一面，如果情人说出自己的缺点与不好的习性，也要虚心接受，想法改进。

遇到小三，不用紧张，抛开错误的心态，丢掉威胁的因子，勇敢做自己。

记得：要寻得真爱，就要用最对的方式恋爱！

爱情中
千万不要做的50件事

真爱密码

　　要建立情人之间的信任感，得从生活一点一滴做起。诚信是个人的形象价值，也是别人对你的尊重。一个不诚信的人，许多事情都不在乎，自己不在乎，别人当然也不在乎。

　　谈恋爱并不是就要托付终身，所以刚开始不用太紧张，但是谈恋爱最终会走入正轨，认真当一回事。恋爱中的情人如果言行不一，表示对方的话一点都不值得尊重，不需要用心听，毫无重量的话，没有意义，爱情也很难继续。

遇见劈腿、小三事件处理原则：

1.表达你的"在乎"。

2.勇敢说出自己的地雷区。

3.直接说出期望。

4.口气要软、态度要硬。

5.接受爱情中的不完美。

不要装傻，如果真的不行，就面对它，接受它，放下它。

图字 01-2012-1924

图书在版编目（ＣＩＰ）数据

爱情中千万不要做的 50 件事 / 陈欣儿编著 . — 北京 : 现代出版社 , 2012.7
ISBN 978-7-5143-0560-9

Ⅰ . ①爱 . Ⅱ . ①陈 . Ⅲ . ①恋爱心理学—研究　Ⅳ . ① C913.1

中国版本图书馆 CIP 数据核字 (2012) 第 087073 号

爱情中千万不要做的 50 件事

著　　者：陈欣儿
责任编辑：张　晶
策划编辑：琅　川
出版发行：现代出版社
地　　址：北京市安定门外安华里 504 号
网　　址：www.xiandaibook.com
邮　　箱：xiandai@cnpitc.com.cn
印　　刷：北京中印联印务有限公司
印　　张：7.5　32 开
字　　数：120 千字
版　　次：2012 年 7 月第 1 版
印　　次：2012 年 7 月第 1 次印刷
书　　号：ISBN 978-7-5143-0560-9
定　　价：32.00 元